绿色发展理念与新能源汽车发展研究

游志平◎著

中国纺织出版社有限公司

内 容 提 要

发展新能源汽车是我国从汽车大国迈向汽车强国的必由之路，是应对气候变化、推动绿色发展的战略举措。本书立足国情，从不同角度对新能源汽车的发展进行分析，积极探索降低行业发展风险、推动新能源汽车产业高质量发展的途径，希望能够为新能源汽车产业的发展提供一定的借鉴。本书适用于新能源汽车领域的管理者和研究人员。

图书在版编目（CIP）数据

绿色发展理念与新能源汽车发展研究 / 游志平著 . --北京：中国纺织出版社有限公司，2024.5
ISBN 978-7-5229-1808-2

Ⅰ.①绿… Ⅱ.①游… Ⅲ.①新能源—汽车—工业发展—研究—中国 Ⅳ.①F426.471

中国国家版本馆CIP数据核字（2024）第110547号

责任编辑：段子君　责任校对：高　涵　责任印制：储志伟

中国纺织出版社有限公司出版发行
地址：北京市朝阳区百子湾东里A407号楼　邮政编码：100124
销售电话：010—67004422　传真：010—87155801
http://www.c-textilep.com
中国纺织出版社天猫旗舰店
官方微博 http://weibo.com/2119887771
天津千鹤文化传播有限公司印刷　各地新华书店经销
2024年5月第1版第1次印刷
开本：710×1000　1/16　印张：10
字数：168千字　定价：79.00元

凡购本书，如有缺页、倒页、脱页，由本社图书营销中心调换

前言

当前,全球新一轮科技革命和产业变革深入演进,汽车与能源、交通、信息通信等领域有关技术加速融合,电动化、网联化、智能化成为汽车产业的发展潮流和趋势。新能源汽车融合了新能源、新材料、互联网、大数据、人工智能等多种变革性技术,对带动能源、交通、信息通信基础设施改造升级,促进能源消费结构优化、交通体系和城市运行智能化水平提升,建设清洁美丽世界具有重要意义。

近年来,全世界主要的汽车制造大国纷纷加强战略规划、强化政策支持,跨国汽车企业加大研发投入、完善产业布局,新能源汽车已成为全球汽车产业转型发展的主要方向和促进世界经济持续增长的重要引擎。

发展新能源汽车是我国从汽车大国迈向汽车强国的必由之路,是应对气候变化、推动绿色发展的战略举措。2012年国务院发布《节能与新能源汽车产业发展规划(2012—2020年)》。经过不断努力,我国新能源汽车产业技术水平显著提升、产业体系日趋完善、企业竞争力大幅增强,2015年以来产销量、保有量连续五年居世界首位,成为世界汽车产业发展转型的重要力量之一。2020年国务院办公厅发布《新能源汽车产业发展规划(2021—2035年)》,着力解决我国新能源汽车发展面临的核心技术创新能力不强、质量保障体系有待完善、基础设施建设仍显滞后、产业生态尚不健全、市场竞争日益加剧等问题。本书的撰写正是基于这样的背景。为了更好地认识我国的新能源汽车产业,本书立足国情从不同角度对新能源汽车的发展进行分析,积极探索降低行业发展风险、推动新能源汽车产业高质量发展的途径,希望能够为新能源汽车产业的发展提供一定的借鉴。

  本书主要内容包括：新能源汽车及其发展历史研究、新能源汽车产业的发展现状分析、新能源汽车产业发展的挑战与机遇、新能源汽车产业发展市场分析、新能源汽车产业发展的风险规避、保障中国新能源汽车产业发展的措施、时代主题与新能源汽车的发展等。

  本书在写作过程中参考了众多专家学者的研究成果，在此表示诚挚的感谢。由于时间和精力的限制，内容可能会存在疏漏之处，恳请广大读者予以指正。

游志平

2024 年 3 月

目 录

第一章　新能源汽车及其发展历史研究……………………………………… 1
　　第一节　新能源汽车及其特点…………………………………………… 1
　　第二节　电动汽车的发展历程…………………………………………… 5

第二章　新能源汽车产业的发展现状分析…………………………………… 27
　　第一节　新能源汽车产业发展分析……………………………………… 27
　　第二节　中国新能源汽车产业发展分析………………………………… 34

第三章　新能源汽车产业发展的挑战与机遇………………………………… 57
　　第一节　新能源汽车产业存在的问题…………………………………… 57
　　第二节　新能源汽车产业面临的挑战…………………………………… 65
　　第三节　新能源汽车产业面临的机遇…………………………………… 69

第四章　新能源汽车产业发展市场分析……………………………………… 75
　　第一节　新能源汽车产业发展的基本市场模式………………………… 75

第二节 新能源汽车产业市场培育战略 …………………………… 82
第三节 中国新能源汽车市场发展趋势分析 ……………………… 85

第五章 新能源汽车产业发展的风险规避 …………………………… 90
第一节 新能源汽车产业风险含义及形成机理 …………………… 90
第二节 我国新能源汽车产业风险的特点及难点 ………………… 101
第三节 我国新能源汽车产业风险控制 …………………………… 104

第六章 保障中国新能源汽车产业发展的措施 ……………………… 115
第一节 政策引导,营造公平的产业发展环境 …………………… 115
第二节 完善新能源汽车基础设施建设 …………………………… 121
第三节 教育投入,培养新能源汽车专业人才 …………………… 126

第七章 时代主题与新能源汽车的发展 ……………………………… 129
第一节 碳中和与新能源汽车发展 ………………………………… 129
第二节 技术进步与新能源汽车发展 ……………………………… 141

参考文献 …………………………………………………………………… 152

第一章 新能源汽车及其发展历史研究

第一节 新能源汽车及其特点

一、新能源汽车分类

新能源汽车按照使用范围可以分为以下几类。

（一）纯电动汽车

纯电动汽车（Battery Electric Vehicle）是以车载电源为动力，以电动机为单一驱动源的汽车。纯电动汽车的电力驱动系统主要由动力电池、驱动电机和电机控制器等部件组成。纯电动汽车没有发动机、多齿比变速箱，使用价格低廉的电力作为动力源，所以与传统燃油车相比具有使用成本低、驾乘体验好、后期保养便捷等明显优势，缺点是续航里程不长、充电时间长，主要适用于市区内通勤，代表车型有比亚迪汉EV、特斯拉Model 3、日产聆风等。

2019年全球纯电动汽车销量达到164万辆，占新能源汽车总销量的74%，占比与2016年相比提高了近10个百分点。纯电动汽车占有率进一步扩大，已经成为新能源汽车销量的绝对主力，在新能源汽车的推广普及过程中发挥着重要的、不可替代的作用，是新能源汽车未来的主要发展方向。

（二）混合动力汽车

混合动力汽车是指在传统燃油车的基础上加装一套电力驱动系统的汽车。混合动力汽车包括插电式混合动力汽车（Plug-in Hybrid Electric Vehicle）和普通混合动力汽车（Hybrid Electric Vehicle）。❶

---

❶ 本书后文提到的混合动力汽车均泛指插电式混合动力汽车，不包括普通混合动力汽车。

由于在相同体积的车身内同时存在燃油驱动系统和电力驱动系统，插电式混合动力汽车的电池容量通常比纯电动汽车小，发动机性能通常比同尺寸燃油车差，但可以将两套驱动系统组合叠加使用，以达到更高的性能和更长的续航，也可以单独使用电力驱动系统，以达到节能效果。缺点是由于存在两套驱动系统，其结构比燃油车和纯电动汽车更复杂，车辆自重的增加使其在馈电状态下油耗高、驾乘体验差。插电式混合动力汽车通常采用发动机和驱动电机并联的结构，车辆行驶时两者同时或驱动电机单独驱动车辆，包括纯电动和混合动力两种模式，动力普遍强于同级别燃油车，但纯电续航较短，综合能耗明显高于纯电动汽车。还有少数增程式电动汽车采用小排量发动机和驱动电机串联的结构，发动机只负责发电，驱动电机负责驱动车辆，包括纯电动和混合动力两种模式。近年并联和串联共存的混联结构车型日益增多，集二者优点于一身，是插电式混合动力汽车未来的发展趋势。插电式混合动力汽车的代表车型有比亚迪唐 DM、比亚迪秦 DMI、理想 ONE 等。

普通混合动力汽车与插电式混合动力汽车同样拥有燃油和电力两套驱动系统，不同的是普通混合动力汽车没有充电口，不能外接电源充电。普通混合动力汽车的代表车型有丰田普锐斯、本田雅阁混动版。普通混合动力汽车不需要外接电源，油耗显著低于传统燃油车，在新能源汽车发展初期发挥了重要作用；但由于无法单独脱离发动机使用，节能效果一般，同时随着充电设施的逐步完善和更加节能的插电式混合动力汽车的快速发展，普通混合动力汽车发展缓慢。目前大部分国家和地区把此类车型界定为传统燃油车，没有给予相关优惠政策和资金补贴，这使普通混合动力汽车面临较大的市场挑战。

混合动力汽车很好地解决了纯电动汽车里程焦虑的问题，可以用于远距离出行；同时，因为有发动机，所以在充电时间不足的情况下可以使用汽油，大大缩短了能源补给时间，使它成为现阶段纯电动汽车技术瓶颈时期的理想过渡车型。2019 年全球插电式混合动力汽车销量占新能源汽车总销量的 26% 左右，仅次于纯电动汽车，在未来相当长的时间里仍将是新能源汽车推广普及过程中不可或缺的重要力量。

（三）燃料电池汽车

燃料电池汽车（Fuel Cell Vehicle）是用车载燃料电池装置产生的电力作为动力的汽车，是一种将氢、甲烷、乙醇等可燃物质作为燃料，自带燃料发电机的电动汽车。目前以氢燃料电池汽车为主，其使用的燃料为重整高纯度氢气或含氢燃料后得到的高含氢重整气，基本原理是电解水的逆反应，因为是通过电化学反应而不是采用燃烧（汽、柴油）或储能（蓄电池）的方式产生动力，氢燃料电池汽车只会产生水和热，所以氢燃料电池是完全的清洁排放，对环境是真正的零污染。此外，氢燃料电池续航里程较长，补给燃料时间较短，一般充满氢仅需3~5min，相较于插电式电池可大幅度缩短补给时间，这些优势使氢燃料电池汽车非常适合长距离行驶。目前氢燃料电池汽车主要应用于公共交通领域。2020年全球氢燃料电池乘用车销量达到9 006辆，同比增长约39%。截至2020年年底，全球加氢站数量已达553座。由于氢燃料电池汽车起步较晚，总销量仍然偏低，占新能源汽车的比例不足1%；但随着加氢站的普及，在不久的将来，氢燃料电池汽车会成为新能源汽车的重要组成部分。

（四）其他新能源汽车

其他新能源汽车包括太阳能汽车、核动力汽车等，这些汽车因为技术和推广方面的原因，适用范围窄，某些车型甚至还处于试验阶段，尚未投放市场，占新能源汽车整体规模的比例极低。

二、新能源汽车结构

新能源汽车以电能为主要能源，汽车内部结构与传统燃油车差异巨大。目前新能源汽车内部主要是由动力电池、电控系统、驱动电机三大核心零部件组成，统称为三电系统。纯电动汽车、混合动力汽车和氢燃料电池汽车由于工作原理的不同，内部结构同样存在差异。

（一）纯电动汽车结构

纯电动汽车由于完全使用电能驱动车辆，内部一般只有动力电池、电控系统和驱动电机，结构比传统燃油车和混合动力汽车更加简单。其工作原理是动力电池产生的电流传递给驱动电机的同时，电控系统对驾驶员输入的指令进行处理，向驱动电机发出相应的控制指令，对驱动电机进行启动、加速、减速和制动控制，驱动电机再通过减速器传递电能至车轮，最终驱动车辆行驶。因为驱动电机启动初期就可以直接爆发出最大扭矩，所以纯电动汽车在启动前期加速要远快于相同功率下的燃油车，而后期会逐步衰减。

（二）混合动力汽车并联结构

混合动力汽车目前以插电式混合动力汽车为主，即带有充电口，可以通过外部电源来获取电能。目前插电式混合动力汽车一般采用并联结构，发动机和驱动电机以并联的方式共同为汽车提供动力，驾驶者可以根据实际路况和车况来选择不同模式：在电量充足的情况下用纯电动模式以实现节能；在电量不高或馈电情况下用混合动力模式来保留剩余电量。目前并联混合动力的纯电续航里程普遍不长，相比纯电动汽车差距很大，导致市场份额不断被纯电动汽车挤占。

（三）混合动力汽车串联（增程式）结构

增程式电动汽车是一种在纯电动模式下可以达到其所有动力性能，并通过车载辅助供电装置为动力系统提供电能以延长续航里程的电动汽车。车载辅助供电装置与驱动系统没有传动轴（带）等传动连接。增程式电动汽车内部同样由发动机和驱动电机组成，但它们是串联在一起的，发动机仅为电池充电，驱动电机单独为汽车提供动力，二者不能同时驱动车辆。基于此结构下的发动机由于功能单一，排量通常远小于同尺寸下的燃油车和插电式混合动力汽车，可达到节能减排的目的。增程式电动汽车本身可以外接充电，也可以通过发动机随时随地发电，很好地解决了目前充换电设施不完善而导致的新能源汽车里程焦虑问题，但同时发动机不参与驱动车辆也导致其能耗与纯电动汽车相比偏高，是其推广应用的主要障碍。

（四）混合动力汽车混联结构

在插电式混合动力汽车并联结构的基础上将发动机与驱动电机再串联起来，使发动机也能为电池充电，就可以实现串联和并联共存的混联结构。这一方面克服了串、并联各自劣势，另一方面整合了其各自优势，使产品更有竞争力。目前各大汽车企业积极研发混联汽车，早期主要以日系不插电的普通混合动力汽车为代表，近年来插电式混合动力汽车日渐增多，出现了比亚迪唐DM这样的优秀混联产品。2017年上汽集团自主研发出全球首款针对混合动力汽车的EDU电控驱动智能变速箱。该系统同时具备串联结构和并联结构，革命性地使发动机和驱动电机共用一台变速箱，解决了以往二者匹配度不高的问题，极大地提高了电控系统的运行效率。

（五）氢燃料电池汽车结构

氢燃料电池汽车的工作原理与纯电动汽车类似，其内部结构也类似，区别在于氢燃料电池系统使氢气与氧气反应来产生电能，然后通过总线传给驱动电机，驱动电机将电能转化为机械能，最终驱动车辆行驶。总体来说，氢燃料电池汽车结构比传统燃油车和混合动力汽车更加简单。

三、新能源汽车特点

与传统燃油车相比,新能源汽车具有以下三大显著特点。

(一)节能环保,使用成本低

目前大部分新能源汽车使用电能作为动力源,少部分使用氢燃料、太阳能等清洁能源。相对于传统汽车使用的汽油或天然气,电能具有价格低、零排放等显著优势。大部分新能源汽车使用过程中完全不消耗任何化石能源、不产生任何有害尾气,可以达到节约能源、保护环境的目的,与目前各国政府倡导的碳中和减排目标一致,大大减少了对地球环境的破坏,可以更好地改善大气环境。对消费者来说,纯电动汽车的能耗大大低于传统燃油车,相同里程的花费仅相当于燃油车的约 1/10,使用成本极低。

(二)驾驶乘坐体验上乘

由于纯电动、氢燃料电池、太阳能汽车的驱动系统没有发动机和多齿比变速箱,在行驶过程中没有 NVH(噪声、振动与声振粗糙度)和多齿比变速箱换挡时的顿挫感,同时所需能源都为电能和清洁能源,不会产生刺鼻气味,整个驾乘过程平顺、舒适、安静,驾乘体验要普遍好于燃油车,在跟车拍摄、运输易碎物品等特殊情况下可以较好地保证车辆的平稳性,实用性强。

(三)内部结构相对简单,后期保养便捷

由于纯电动、氢燃料电池和太阳能汽车的驱动系统没有发动机和多齿比变速箱,只有新能源驱动系统,内部结构相对简单。新能源汽车的后期保养也十分便捷,仅需要更换必要的部件。此外,新能源汽车的保养周期比传统燃油车更长、保养次数更少,更能节省使用者的费用、时间和精力。

第二节 电动汽车的发展历程

一、电动汽车的诞生期

(一)电池的发明

1745 年,荷兰物理学家马森布洛克(Musschenbrock)发明了莱顿瓶,人类第一次可以存储电能。1752 年,美国人本杰明·富兰克林(Benjamin Franklin)证明了闪电发出的火花能够引起酒精燃烧,并且首次在电学中应用了正负号,为

电在驱动领域的应用开了先河,此后用于电动汽车驱动的电池技术不断发展,如图1-1所示为19世纪出现的可充电电池和1859年法国物理学家普朗特发明的可充电铅酸蓄电池。

图1-1　19世纪的可充电电池和普朗特发明的铅酸蓄电池

1903年,针对电动汽车的核心——电池,出生在美国的化学界工程师奥利佛·帕克·弗里茨勒(Oliver Parker Frichle)在丹佛市注册了高续驶、高性能、高耐久性的电池专利。

(二)电机的发明

1821年,法拉第发现了自感和互感现象,并利用电磁产生了力。1824年,多米尼克·弗朗西斯·阿拉果(Dominique Francois Arago)应用法拉第原理,演示了与磁针同轴安装的旋转铜盘的感应现象,这已经非常接近电动机的原型。

这几项工作对于电动汽车的诞生具有重要的意义,使电动汽车呼之欲出,但电动机和发电机技术的发展并没有停止,随后1836年美国人托马斯·达文波特(Thomas Davenport)也制作出了实用的电机,用来驱动车床。1837年托马斯获得美国电机行业的第一个专利。1864年的王尔德(Wilde)、1866年的德罗密利(De Romilly)和1867年的威廉·拉德(William Ladd)都探索并改进了直流电机。值得说明的是,1873年,比利时人格拉姆(Zenobe Theophile Gramme)设计出了不但可以发电,而且反过来可以充电的电动机。

(三)电动汽车的出现

随着电机技术的发展,1828年,被称作直流电机之父的匈牙利发明家、工程师阿纽什·耶德利克(Anyos Jedlik),在实验室试验了通过电磁转动来驱动的行动装置。1834年,美国人托马斯·达文波特(Thomas Davenport)利用直流电机,造出了第一辆直流电机驱动的电动汽车[1],但由于技术原因,该车只能

---

[1] 韦克菲尔德. 电动汽车发展史[M]. 叶云屏,孙逢春,译. 北京:北京理工大学出版社,1998.

行驶一小段距离，根本无法代步，如图 1-2 所示。

图 1-2　托马斯·达文波特制造的电动汽车

1832—1838 年，苏格兰的罗伯特·安德森（Robert Anderson）也在研究电驱动的车辆，他给马车装上了电池和电机，将其改造成一辆电动马车，这辆车使用的电池无法充电，且由于车辆本身的原因，无法应用于日常使用。

1840 年，英国出现有轨电车的专利。1867 年，奥地利发明家弗朗茨·克拉沃格尔（Franz Kravogl）在巴黎世界博览会上展示了电动两轮车，如图 1-3 所示。

图 1-3　弗朗茨·克拉沃格尔展示的直流电机驱动电动两轮车

1873 年，英国人罗伯特·戴维森（Robert Davidson）用一次性电池作为动力，发明了一辆电动汽车，成为世界上第一辆可供使用的电动汽车，但由于这辆车无法充电的原因，并没有被列入国际的确认范围。1881 年，法国工程师古斯塔夫·特鲁夫（Gustave Trouve）用铅酸蓄电池为供给电能，造出了世界上载入史册的第一台电动三轮车，车重仅为 160 kg，最高时速 12 km/h，如图 1-4 所示。

图 1-4 古斯塔夫·特鲁夫制造的第一台电动汽车

1882年，英国威廉·爱德华·阿顿（William Edward Ayrton）和约翰·培里（John Perry）两位教授合作制作了一辆电动三轮车。这辆车用铅酸蓄电池驱动，电池额定电压为 20 V，为 0.37 kW 的直流电机提供电能。1884 年，英国发明家托马斯·帕克（Thomas Parker）在伦敦制造了第一辆电动汽车，并安装了他自己专门设计的高容量可充电电池。1888 年，德国工程师安德烈亚斯·弗洛肯（Andreas Flocken）制造了德国的第一辆电动汽车（Flocken Elektrowagen），分别如图 1-5 所示。

图 1-5 托马斯·帕克和他发明的电动汽车（左）以及安德烈亚斯·弗洛肯的电动汽车（重制于 2011 年）（右）

1890 年，安德鲁·里克（Andrew Riker）组装了美国的第一辆电动三轮车，如图 1-6 所示。之后他又组装了一系列先进的电动车辆，比如在 1890 年，他在从英国进口的三轮车上装上了自己制造的 0.12 kW 的电机，功率与特鲁夫的三轮车相近。里克的三轮车重量只有 68 kg，平路时速约为 13 km/h，电池电压为 8 V，可使用约 4 h，续驶里程约为 48 km。

图 1-6　安德鲁·里克设计的电动车

1891年，美国的莫里森（William Morrison）制造了一辆电动四轮车，能够达到23 km/h的速度，如图1-7所示。1892年，美国芝加哥电池公司总裁麦克唐纳（J. B. McDonald）买下了这辆车，并在1893年芝加哥哥伦比亚展览会上展出。莫里森的车是出现在芝加哥街道上的第一辆电动车辆。这辆车共有24个蓄电池，电池总重量为349 kg，能够提供112 A的电流和48 V的电压，充电时间需要10小时，电机功率为3 kW。

图 1-7　莫里森制造的电动汽车

二、电动汽车的发展期

全球各个国家的电动汽车经过了诞生期之后，纯电动汽车的电池和电机两大系统都有了较大的进步，市面上逐渐出现了一些功能比较简单的纯电动汽车。在19世纪90年代到20世纪初这10余年间，尽管德国的工业发展居世界首位，但对机动车辆的兴趣远不及法国。英、法两国位于英吉利海峡两岸，两国的电动汽车发展速度呈均衡状态。美国起步比英、法两国晚8～9年，但发展速度很快超过了英、法两国。

（一）美国电动汽车的发展

1894—1905年是早期美国电动汽车的黄金时代，当时的整个美国呈现出一派繁荣昌盛的景象，这个阶段还不是内燃机汽车工业的时代。根据美国《汽车》（*Automobile*）杂志给出的数据，美国1900年登记在案的33 842辆汽车中，蒸汽机车占40%，电动汽车占38%，内燃机汽车占22%。电动汽车虽然不弱，但也没强到夸张的程度。

1894年，费城的亨利·莫里斯（Henry G. Morris）和皮德罗·萨罗姆（Pedro G. Salom）两个工程师成立了电动客车与货车公司，制造出了经久耐用的车辆，他们称其为电动运输车。该车由当时的小货车改造而成，后轮大，前转向轮小，电池容量为100 A·h，由60个酸性蓄电池组成，电池重量为726 kg，全车总重量为1 928 kg，电机是通用电气公司的产品，功率为2.24 kW，短时间功率可达6.71 kW，电机重量为136 kg，从功率、重量比来看该电机在当时取得了较大的进步，如图1-8所示。

图1-8 莫里斯和萨罗姆制造的电动货车

后来，他们又携手将电动车辆应用于商业领域，制造了商用车。这辆车比他们的第一辆要轻得多，只有749 kg，车上装有四组电池，每组12个蓄电池单体，每个蓄电池单体的容量为50 A·h，而且这辆车采用的是两个11 kW的伦德尔电机。车辆有四个前进挡和一个倒挡，车辆的最高时速为32 km/h，续驶里程为40 km，这个数字在当时是比较高的。这辆小车的风格恰似电动小货车，就是现代车辆的前身，底盘全是冷拉钢管，辐条轮的设计与自行车一样，装有充气轮胎和滚珠轴承，传动装置与他们的大车一样。

到1895年年底，莫里斯和萨罗姆共同组装了一辆电动轻便货车，展示了他们在电动车辆设计方面的创造性。人们把这种车叫作克劳福德小货车，车轮为大小相同的自行车式的充气轮胎。值得注意的是，此车由两个小电机驱动，带动电机的电池放置在驾驶人座位下面。他们在当时已经意识到了载重能力的重要性及辐条轮拐弯性能的优越性。

在这个时期，机动车大奖赛也从侧面促进了汽车技术的发展，如《芝加哥时代报》于1895年11月28日举办了芝加哥—艾凡斯顿—芝加哥机动车大奖赛。此外，据《汽车时代》报道，从1895年7月1日至11月1日，300多种各式各样的机动车辆被设计制造，电动车辆也成为汽车这一多元化发展时代的一个组成部分。

1895年左右，霍尔茨-卡波特电气公司为满足一位富有的波士顿人的愿望，组装了一辆电动大四轮车，该车两个铰接式后座可向前翻转，便于乘客上下车。这辆车的电池置于车厢里，分4组，每组有11个，共有44个酸性蓄电池，容量为250 A·h，额定放电电流为25 A，储有20 kW·h的能量。控制器是位于转向手柄旁边的一根拉杆。车轮用滚珠轴承来减小阻力。

同年，蒙特哥梅里·华德公司购买了两辆如图1-9所示的电动汽车。这是两辆电动大四轮车，每辆车采用两个1.49 kW的单极减速电机，每个电机通过齿带分别与后轮内侧的大齿轮啮合。此车最高时速为23 km/h，由美国电动车辆公司制造，电池由叙拉古电池公司生产。到19世纪末，很多公司都拥有电动送货车车队，如布什酿酒公司用50辆电动货车来运送啤酒。

图1-9 蒙特哥梅里·华德公司购买的电动汽车

1898年，美国克林顿·E.伍兹（Clinton E. Woods）设计的汉森车使用了硬橡胶轮胎，四轮双座，并且驾驶位居于车后，车辆两侧及车内均装有电灯，车内还有暖脚装置。电驱动部分使用了两个电机，功率为4.78 kW。车辆总重为1 179 kg，续驶里程为48 km，该车1899年在美国第一届汽车展览会上进行了展示。

1899年，伍兹公司的注册资本达1千万美元，在当时是一个庞大的数字。伍兹还设计了布鲁厄姆车（即驾驶位在车厢外的四轮车）、朗道车（即双排座开合式顶棚四轮车），以及可坐 2～4 人的双座轻便车。布鲁厄姆车装有电池，每个电池重约 13 kg，这些电池带动两个 900 W 的电动机，每个电动机重量约为 34 kg。朗道车上的电池更多，电动机功率更大，但轻便车上只有 20 个蓄电池，每个电池重量约为 10 kg，电池带动一个 1 500 W 的电动机。为了不断提高电动汽车的续驶里程，伍兹还对电池的更换方法进行了尝试。

1908 年，美国的化学工程师奥利佛·帕克·弗里茨勒（Oliver Parker Fritchle）用自己名字成立了"弗里茨勒汽车和电池公司"，并生产制造了续驶 160 km 的电动汽车弗里茨勒·维多利亚·辉腾（Fritchle Victoria Phaeton），如图 1-10 所示。该整车重约 950 kg，电池组由 28 个电池包组成，重约 360 kg，车辆具有能量回收系统，并可由液体计量器查看电池电量。

图 1-10　弗里茨勒·维多利亚·辉腾

（二）欧洲电动汽车的发展

1865 年，英国议会针对汽车出台了世界上第一部道路安全法规，法规中有这样的规定：机动车在道路上行驶速度不得超过 6.4 km/h，通过城镇村庄不得超过 3.2 km/h；每辆车至少要有 3 人驾驶，其中一个人必须在车前 50 m 摇动红旗做引导，为机动车开路，汽车不能超过红旗。因摇动小红旗，这一法案被戏称为"红旗法案"，"红旗法案"执行期间的行车场景如图 1-11 所示。

图 1-11　"红旗法案"执行期间的行车场景

这一法案中不切实际的规定使汽车退化为马车,严重阻滞了英国汽车工业的发展,扼杀了让英国在当年成为汽车大国的机会。

1882年,英国的威廉·爱德华·阿顿和约翰·培里的电动三轮车组装成功。1887年,华德电气公司制作了一辆电动出租车,运行在英国布莱顿的街道上。1888年,华德又制作了一辆电动公共汽车,在伦敦街道上运行时速可达11 km/h。由于该车不会造成路面的损坏和街道的污染,受到伦敦市民的欢迎,如图1-12所示。这辆电动车的电池是福尔门电池,电机是格拉姆电机,电机通过链条与车轮上的链轮连接,并采用蜗轮机构转向和脚踩制动,驾驶人站立在电动车的前部操纵车辆,与当时的有轨电车十分相似。之后,华德电气公司被新成立的伦敦电动公共汽车公司以25万英镑收购。此后,电动轿车、电动出租车陆续在英国出现。

图1-12 1888年华德电气公司制造的电动公共汽车

同年,位于欧亚交界的土耳其国王对付尔克的轻便车着了迷,付尔克因此为国王制作了一辆车。这辆车有四个车轮,电机的功率为0.75 kW,电机的小齿轮直接与驱动后轮用链条连接,轮子的内圈用小木块镶嵌成齿轮的形状,转向手柄是转向盘式,转向盘的轴在齿轮一端与一个扇形齿轮连接,扇形齿轮与前轴紧紧啮合,该转向系统与现代车比较接近,制动系统采用脚踏式,摩擦制动器对后轮进行制动。改装以后时速可达16 km/h,在坚硬的道路上,续驶里程能达到40 km。

与土耳其国王类似,维多利亚女王也曾拥有一辆电动汽车。该车使用了福尔门蓄电池,车身的材料为铝,外形像三轮车,车轮配备了米其林轮胎。这辆车的外形与付尔克设计的轻便车相似,但比早先的电动车辆都有所改进,由于车身和底盘采用了铝制,所以其重量轻。此外,轮胎采用米其林充气轮胎的原因是米其林兄弟在巴黎—巴尔多—巴黎的车辆竞赛中使用过这种轮胎而赢得了良好的声誉，而福尔门蓄电池由于有一个极板网栅，使氧化铅不从金属板上脱落，这也是电池发展的一大进步。

1897年，在耽误了差不多30年后，"红旗法案"被废除，随即伦敦电动出租车公司成立，由15辆车组成。与此同时，莫里斯和萨罗姆在纽约也成立了电动出租车辆公司，纽约的电动出租车队由13辆车组成。纽约的出租车用后轮控制方向，而伦敦的出租车用前轮控制方向，但电机和控制器都是美国生产的。

伦敦的电动出租汽车使用的铅酸蓄电池电压为80 V，在30 A放电电流的情况下，电池容量为130 A·h，电池重量为635 kg，全车装备重为1 360 kg，加上乘客，续驶里程约为80 km。所有这些出租车在一个固定的充电站由一个交流电机驱动一个直流发电机为电池充电，转换效率为86%。电机为翰逊·伦德尔电机，其定子有两组相同的绕组，转子也有两组相同的绕组和两个换向器，电机内部通过改变连接方式来控制车速。它取代了几乎所有电动车辆一直都在使用的电池电压调节方法，在控制方面有所创新和突破。电机轴上的小齿轮带动一个装有差速器的副轴，副轴的两端与相对应的后轴用链条连接。该车只有一个座位，座位上铺有防震垫，轮胎材料是硬橡胶，车厢内外都装有电灯。由于电动汽车的不断发展，以及如德格拉菲尼（De Graffigny）、普沙恩（Pouchain）、詹韬德（Jeantaud）、达拉克（Darracq）等人取得的成就，加之电动汽车无声行驶等优势，使电动出租车被纳入1900年巴黎博览会的展出计划。詹韬德和达拉克等设计的电动汽车在博览会上取得了很大成功，使电动出租车的需求量达到1 000辆左右。相比当时没有消声器的内燃机汽车噪声大、振动严重、发动机故障率高，电动汽车几乎没有噪声，又容易操作，且市内行驶距离不远，这些因素都为电动出租车提供了最理想的应用场景。

1898年，德国人波尔舍（Porsche）发明了一款前轮驱动的双座电动车，命名为"洛纳·保时捷"（Lohner Porsche）。这辆车和同时代的其他电动车相比，使用了前轮轮毂电机技术，每个轮毂电机提供不到2.28 kW的功率输出，可将83%的有效电能转化为驱动轮动力，这个数字在当时十分惊人。随后波尔舍在20世纪又为这辆车两个后轮装上轮毂电机，成为世界上第一辆四轮驱动的电动车，如图1-13所示。

图 1-13　世界上第一辆四轮驱动的电动车

德国西门子—舒克特公司在 1897 年前后制作了一辆钢丝辐条轮的电动三轮车，车上 24 个电池重约 130 kg，电压 48 V，车轮转矩由一个转速为 800 r/min 的电机提供。该车的特点是采用了脚踏和电动两种制动装置，三轮车载着两位乘客以全速行驶时，能够在 2～3 m 内完全停稳，证明了电制动的可行性。据记载，这种方法首次于 1897 年在英国的布什巴利车上使用。

1899 年，法国人卡米勒·詹纳兹（Camile Jenatzy）在巴黎郊外，用自己设计的一辆名为 La Jamais Contente 炮弹外形的电动汽车，以 105.88 km/h 的速度刷新了内燃机汽车保持的速度纪录。这是电动汽车史上第一次突破 100 km/h，La Jamais Contente 电动汽车保持着这个速度纪录，一直到 20 世纪，如图 1-14 所示。

图 1-14　La Jamais Contente 炮弹外形的电动汽车

1900 年德国柏林电气专家卡尔曼博士（M. Kallman）对 14 辆电动汽车进行了测试，包括客车和货车等。通过测试，他发现电池质量与分装备质量（包括铅-酸蓄电池）之比越高，车辆性能就会越好，当比例在 33% 时，续驶里程便能达到 30 km。在测试中，有一辆车的续航里程达到 66 km，但绝大多数车的续驶里程都在 32～40 km 范围内，如果天气不好，一般只有 32 km。经济性能的测试结果表明时速在 8～10 km/h 范围内，整备质量分别在 1.15～3.5 t 时，功率需求是 0.97～4 kW，轻型车辆每吨需要功率 0.87 kW，重型货车每吨则需要

1.1 kW。

1901 年，法国人克里格（M. Krieger）设计并制作了一辆小型电动车辆，全车装备重量只有 771 kg，其中 363 kg 是福尔门铅－酸蓄电池，占 47%，两台 2.28 kW 的电机每台重 50 kg，每台电机的小齿轮与连接在前轮上的大齿轮啮合。克里格仍然采用普通的电压调节方法控制不同的速度，行车控制上有以下模式：起动、停止、慢速、中速、快速、高速、发电制动和倒车。发电制动是通过使电机短路来完成的，该车最高时速为 34 km/h。两台电机看上去像两个鼓，电机两边就是前轮。轴上的小齿轮与车轮上的齿轮啮合。

那时的蒸汽汽车都很容易受寒冷天气的影响。一是产生蒸汽的过程非常缓慢，二是每加一次水后续驶里程不如电动车辆。燃油汽车也有许多弱点，其一，燃油发动机的工作性能不够好，特别是在寒冷的气候下，散热器中的水必须排出；其二，由于那时没有消声器，汽车的噪声之大，连马匹都容易受到惊吓。因此，1900 年，电动汽车的发展达到了成功的顶点。从 1902 年往后，所有的汽车包括电动汽车、蒸汽汽车和汽油汽车均采用鱼雷式车身，也正是在那一年，电动汽车变得不再受欢迎了。❶

三、电动汽车的萧条期

有学者将电动汽车的发展期描述为"黄金期"，无论怎样总结，电动汽车的黄金发展时代如同昙花一现。改变这一趋势的一个词语就是"旅游"。提到旅游，马克西姆（Hiram Percy Maxim）在蒲柏制造公司负责电动汽车开发项目时，将他自己开发的电动汽车从公司总部哈特福德开到温莎洛克斯。就这样，他成了第一个驾驶电动汽车旅游的人。

不仅如此，20 世纪初，美国人热衷于旅游，旅游的观念完全改变了美国，促使美国建设出横跨美国大陆的公路网，进而也改变了石油公司的命运，促使西方国家到中东地区开采石油。石油的开采，给燃油汽车带来了生机，而给电动汽车带来了厄运。从此，汽车的续航里程首次成了非常重要的因素，即使充足电的电池也只能使马克西姆的电动汽车行驶 40 km，而一箱汽油能使亚历山大·温顿（Alexander Winton）的燃油汽车行驶 322 km。而且，加一箱油只需要 5 min，给电池充电却需要 5 h 之久，这种状况到了 20 世纪末还是没有改观。

---

❶ 周苏. 电动汽车简史［M］. 上海：同济大学出版社，2010.

此外,随着内燃机的技术不断提高,燃油汽车的优势越来越明显,续航里程长,加油时间短,使用效率更高,相对于纯电动汽车,形成了绝对的优势。再加上纯电动汽车的充电远远没有内燃机车加油方便,因而在很长一段时间里,纯电动车变得不温不火,虽然还有发展,但还是慢慢退出了汽车市场。

(一)电动汽车的萧条以及燃油车的崛起

1897年,博世(Robert Bosch)首次将磁电机点火装置用于汽车发动机上,大大提高了发动机的工作效率和性能。该装置是在气缸燃烧室内装置带电极的火花塞,通过断电器周期性断开线圈,产生高压电火花,点燃混合气,福特的T型车就采用了磁电机点火。

1902年,费城电气公司拥有一个车队,车队由56辆电动汽车、62辆内燃机汽车、22辆摩托车和56辆马车组成,马车配有63匹马,在不断运营过程中,人们越来越认识到内燃发动机是更好的汽车动力源。

1903年,福特在美国底特律创办了福特汽车公司,并于1908年生产出T型车,这是世界上第一辆属于普通百姓的汽车,如图1-15所示。1913年,福特汽车公司开发出世界上第一条流水线,使T型车的总产量达到1500万辆,缔造了一个至今仍未被打破的世界纪录,世界汽车工业革命也由此开始,后人尊称福特为"为世界装上轮子的人"。

自福特公司采用流水线生产T型车后,汽车的价格一路下跌。1908年T型车刚刚问世时,最初售价为850美元,采用流水线生产方式后,T型车的价格到1916年已经降至360美元,到1925年,更是降至240美元。而在1913年电动汽车的价格普遍要比汽油汽车高约1 000美元。此外,20世纪初,汽油的价格也有所回落,在车价和油价双重打击下,电动汽车退出历史舞台也是必然的。

图1-15 福特生产的T型车

以美国为例,1906年汽油汽车保有量就已经突破了10万辆,比1912年电动汽车保有量的峰值还要高。电动汽车的市场份额逐渐下降,经营电动汽车业务的公司也陆续开始衰败。比如贝克机车公司1906年还生产了800辆电动汽车，是当时最大的电动汽车生产厂商。1913年以后在内燃机汽车的冲击下，贝克机车公司举步维艰。1916年生产出最后一批电动轿车之后，这家公司的电动工业货车生产持续了若干年。此后，贝克机车公司转向生产电动叉车和电机，后来发展成为一个大型货物搬运设备生产公司。尽管贝克公司得以幸存，但它已经不再涉足普通电动汽车领域，只局限在特殊电动车型的生产。

安德森电动汽车公司也在1910年左右产量达到顶峰，每年生产1 000～2 000辆电动汽车。1919年，安德森电动汽车公司更名为"底特律电气公司"，但其繁荣并没有持续多久。1929年，美国华尔街股市崩盘，随后的经济危机使底特律电气公司只能按照零星的订单来生产，虽然身处逆境中的底特律电气公司还是执着地推出了一些新车型，但产量都很小。约在1939年，底特律电气公司生产出最后一批车后便不再从事电动汽车的生产。

欧洲的电动汽车也逐渐衰落，比如英国伦敦贝尔赛电动出租车公司于1899年停止运营。随后的1903年，英国伦敦的大街上开始出现了汽油出租车。法国人达拉克的汽车公司早期生产电动汽车，但在1900年生产出第一辆内燃机汽车后开始转向内燃机汽车的生产。德国人波舍尔也于1906年受雇于奥地利戴姆勒公司，并设计了著名的Mercedes Electrique-mixte混合动力车型，此后，他也退出了电动汽车的研究，将主要精力放在内燃机汽车上。

总体来讲，在20世纪初美国电动汽车还处于不断取得卓越成就的黄金岁月，欧洲就已经将主要发展方向瞄准了燃油动力车辆，电动汽车在欧洲提早进入了沉睡期。

（二）电动汽车萧条的主要历史缘由

1. 道路改善凸显了续驶里程短问题

在20世纪初期以前，美国的公路大多是乡间小路，即使到了1914年，全美铺设好的公路也不超过20 000 km，所以当时公路的状况导致车辆的应用场景仅仅是短距离行驶，对于续驶里程相关的车辆技术没有更高的要求，电动汽车续驶里程短的缺陷并未凸显。

前已述及，19世纪末20世纪初旅游在美国兴起，民众对公路的需求日益增加，对公路质量的要求也越来越高。1920年，美国修筑了第一条全长为191 km的高速公路，到了1936年美国公路的总里程达到了约5 250 000 km。随着公路网络的不断完善，人们也越来越热衷于驾驶着汽车进行长途旅行，美国成了"轮子上的国家"。由于公路的发展，人们对汽车的续航里程提出了更高的要求，使在当时技术条件下电动汽车续航里程过短的问题暴露无遗，并成了阻碍其发展的主要因素。

2. 自身问题限制了电动汽车的发展

除了外在的影响，电动汽车电池技术问题、充电设施问题、使用便利性等问题成为阻碍其发展的藩篱。

（1）电池技术问题。虽然在19世纪电池技术得到了长足进步与发展，但进入20世纪后，电池技术却一度处于停滞的状态。直到第二次世界大战之后，随着基础理论研究的突破和新型电极材料的开发，电池技术才进入快速发展时期。尽管这样，当时的电池技术也无法完全满足电动汽车续驶里程和充电时间的需要。电动汽车因其自身技术的局限在当时根本无法与汽油汽车抗衡。

（2）充电设施问题。电动汽车的充电也成为限制电动汽车发展的因素。在20世纪初，充电设施并不普及，许多"服务站（加电站）"没有连到电网上。而且电动汽车没有使用标准电压，电动汽车使用者必须购买昂贵的充电设备，来满足不同电压的电动汽车充电需要。这就使电动汽车充电的成本很高。此外，这个时期的标准化不足，有些是爱迪生推荐的直流电，有些是威斯汀豪斯和特斯拉提倡的交流电。由于电网未标准化，也没有标准电压，电动汽车充电很不方便。

（3）使用便利性问题。在20世纪30年代，美国的大多数人口居住在农村，农村与城市、农村与农村之间的交通距离通常比较远。这就需要使用方便、续驶里程长的汽车。在当时，1加仑的汽油重2.19 kg，具有37.4 kW·h的能量，而存储同样能量的蓄电池组重达998 kg，也即同等续驶里程的电动汽车比内燃机汽车要笨重得多。且1900年前后，电池充电需要5 h，充满电只能行驶40 km，而油箱加油只需5 min，加满油后可以行驶322 km，因此电动汽车开始受到人们的冷落。

3. 世界大战影响了汽车技术的走向

两次世界大战给人类造成巨大灾难的同时，也极大地影响了汽车技术发展的走向。"一战"期间，各主要参战国的军队都需要大量的交通运输工具。战前在欧洲和美国的街道上占主导地位的马车，很快被机动性更强的汽车取代。如果说在"一战"中汽车只是初露锋芒的话，那么"二战"中机动性极强的汽车就扮演着举足轻重的角色。为了适应战争的需要，各主要参战国都加紧对军用车辆技术的研发，吉普车等风靡世界的车型就是那时候发展起来的。此外，"二战"期间的6年里,世界各国共生产并装备了约29万辆坦克。很多民用汽车生产厂商转向军用车辆的生产。可以想象,在瞬息万变的战场,时间就是生命,不可能也没法去发展充电时间长、续驶里程短的电动汽车。

战争对交通运输工具的需求极大地促进了汽车工业的发展,但这些由军事需求而引发的技术进步基本上都只针对内燃机汽车,极大地促进了内燃机汽车的技术进步,进而使电动汽车不再成为主流。

4. 内燃机汽车技术取得突破性发展

早期的汽车就像如今的部分拖拉机,采用手摇动曲轴来启动发动机。这样的启动方式很费力,尤其对女性而言就更不方便。1910年,通用汽车工程师发明了第一款车用启动机,并于1912年将其安装在了凯迪拉克上。这项发明淘汰了手摇启动,极大地方便了汽油汽车的启动。

除了操作问题之外,早期汽油汽车的噪声也非常扰人,其噪声很大部分来自排放尾气时排气管的剧烈振动。马克西姆发明了马克西姆消声器,为汽油汽车的噪声控制做出了巨大贡献。该消声器安装在排气管上,有效地减小了汽油汽车的噪声,并于1909年获得了专利,成功实现了商业化。

虽然内燃机汽车自问世以来就存在着噪声和环境问题,但在当时并未引起大众的重视。尽管电动汽车比内燃机汽车要环保得多,但当时人们并不重视保护环境,很少有人理会内燃机汽车带来的问题。直到后来,环境不断恶化,环境污染事故频发,人们才意识到环境保护的重要性,兴起了环境保护主义运动,给电动汽车又带来了新的希望。

四、电动汽车的机遇期

随着科学技术的不断进步,工业的飞速发展,工业的血液——石油的使用量越来越大。石油的使用主要造成了两方面影响。

其一,由于石油大部分通过燃烧来产生效能,石油燃烧引起的污染越来越严重。

例如,"洛杉矶光化学烟雾事件"。洛杉矶在20世纪40年代就拥有250万辆汽车,每条公路每天通过的汽车达17万辆次,每天大约消耗1 100 t汽油,并排出巨量的碳氢化合物、氮氧化合物和一氧化碳。整个洛杉矶变成了一个毒烟雾工厂。为此,1969年美国制定了《国家环境保护法案》,1970年12月,成立了环境保护局。

除了英国和美国,远在大洋彼岸的日本也未能幸免。1955—1970年,日本经济高速增长,石油、化工和机械制造等产业迅猛发展,使日本快速摆脱了战后的萧条,重新迈入世界经济强国的行列。然而,由于当时日本对环保和公害治理态度消极,自然环境遭到了极其严重的破坏。

其二,进入20世纪60年代以后,随着欧洲进入工业化中期,石油危机也显现了出来。由于当时探明的石油储量并不多,石油的消耗量又与日俱增,加之随后爆发的几次石油危机,让人们对石油能源的忧虑感不断增强。

这些问题都为新能源汽车的发展带来机遇。正因为能源和环境问题,电动汽车以其节能、清洁无污染的特点再次引起了人们的关注,重新返回汽车工业的舞台。

五、电动汽车的爆发期

20世纪90年代起,欧美地区的发达国家陆续出台了相应法规限制汽车尾气的排放。1990年美国加利福尼亚州政府制定了零排放汽车ZEV(Zero Emission Vehicle)法案,为每种车制定了"积分"系数,规定了与销量挂钩的积分基准,该法案一直修订至今。1993年,美国启动了美国汽车技术革命的合作计划(PNGV计划),计划要求开发出3倍于现行车燃油效率的新一代车辆。1997年,PNGV计划完成了新一代汽车的技术选择,确定了轻质材料、混合动力、高性能发动机和燃料电池为PNGV计划的主要技术方向。2000年,美国三大汽车公司都陆续推出了各自的PNGV概念车。同期,欧洲成立了"城市电动汽车"协会。法国政府不但为电动汽车免税,还为购买电动汽车的用户提供补助,大大提高了人们购买电动汽车的热情。当时最受购车者欢迎的车型是标致106型电动汽车。德国在巴伐利亚州投入了300辆电动汽车,也为电动汽车消费者提供车价30%的资助。

除了政策支持,20世纪90年代初期各个国家都开始建立了电动汽车示范区,从技术的角度推动电动汽车的发展。法国在20世纪中期就建立了电动汽车示范区。20世纪90年代初期,法国建立了首个电动汽车系统工程,包括12个充电站、标致106以及雪铁龙AX电动汽车,并租赁给政府工作人员、个体劳动者和公司职员等用户。德国政府也在吕根岛建立了欧洲电动汽车试验基地,并在1992—1996年间进行了装备新型蓄电池和动力系统的电动汽车实测运行。日本汽车创造行业在进入20世纪90年代后也开始关注电动汽车,并在大阪市进行了电动汽车示范运营,建立了10个快速充电站,将100多辆电动汽车租给公司或私人使用。

1994年,由美国政府资助,世界近30家企业和相关政府机构联合启动了

CaFCP 示范项目。该项目在加州进行，希望通过在实际运行工况下操纵和测试燃料电池轿车和公交车，对这项新汽车技术和相关基础设施技术起到示范作用。轿车包括戴姆勒－克莱斯勒公司的 FCell、福特公司的 FocusFCV、通用公司的 Hydrogen3、本田公司的 FCX、现代公司的 Santa FeFCEV、日产公司的 Xterra FCV、丰田公司的 FCHV Highlander 以及大众公司的 HyMotion。燃料电池公交车包括由乔治敦大学开发的 ZE 公交车和使用甲醇的公交车及托尔公司的 Thunder Power 公交车。

中国政府将电动汽车列为"九五"（1996—2000 年）期间的国家重大科技产业工程项目。1998 年，在广东省汕头市南澳岛上建立了电动汽车运行试验示范区。示范区占地面积为 7.5 亩，建有停车场、充电房、维修站、实验场地和研究室等。到 2000 年，示范区内投入运行的各类电动汽车共计 20 辆，累计行程 450 000 km 以上，积累了大量电动汽车运行、应用、管理和机制等方面的经验。

2000 年，电动汽车被列入中国"863"计划 12 个重大专项之一；2001 年以来，国家"863"项目共投入 20 亿元研发经费，形成了"三纵三横"的研发格局；2004 年，国家发布《汽车产业发展政策》明确鼓励发展节能环保型电动汽车与混合动力汽车技术；2005 年，电动大客车被列入《车辆生产企业及产品公告》，并配套出台了相关国标；2006 年，《新能源汽车生产准入管理规则》出台，宣告新能源汽车进入规模化发展期；2008 年，新能源汽车在国内呈现全面出击之势；2010 年，新能源汽车被国务院确定为七大战略性新兴产业之一，主要发展方向确定为插电式混合动力电动汽车和纯电动汽车；2011 年，在全国推广新能源城市客车、混合动力轿车、小型电动汽车；2012 年，新能源汽车项目每年可获国家 10 亿～20 亿元资金支持；2014 年，国家发展改革委发布《关于电动汽车用电价格政策有关问题的通知》；2017 年，《新能源汽车生产企业及产品准入管理规定》发布，纯电动汽车、插电式混合动力（含增程式）电动汽车和燃料电池电动汽车成为我国新能源汽车发展的三个方向，同时补贴开始退坡，双积分政策落定；2019 年，新能源补贴下降，电动汽车销量首次出现下滑；近期，"新基建"将新能源汽车充电桩及 5G 基础建设等确定为七大板块之一，电动汽车支持政策进入新模式。

由此可见，在这一时期全球主流汽车国家又开始高度重视电动汽车技术和产业，甚至有些主流汽车国家推出了禁售燃油车的时间表，这一趋势直到今天。这一阶段主要的技术特点如下。

（一）电池技术不断迭代

1993 年，松下公司研发了密封型镍氢电池。它的能量密度比传统电池更高，也不存在镉污染隐患。所以镍氢电池逐渐取代了镍镉电池。1997 年，欧洲对首辆配备锂电池的电动汽车进行了测试。测试表明，锂电池具有重量轻、储能大和功率大等优点，更好地满足了电动汽车的要求，当时被看作是最适合电动汽车的动力源之一。

虽然镍氢电池、锂电池等在电动汽车的使用中展现出了优势，在改善环境方面潜力巨大，但其仍需火力发电等传统发电方式提供电能，也存在"转移污染"或者"二次污染"问题。为进一步节能减排，燃料电池汽车应运而生。燃料电池以氢为燃料，而氢能是一种理想的低污染可再生能源，使车载动力系统从一次能源开始到动力输出的综合效率大大提高。燃料电池工作过程中比较安静且无有害气体排放，大大降低了噪声污染和空气污染，与其他电池相比，通过提高氢罐的储氢能力，使续驶里程大大增加，本质上可以克服纯电动汽车续驶里程短的弊端。

人们对燃料电池的认识也在不断变化，早期因其体积庞大不适合车用，很多汽车厂商都认为燃料电池前途暗淡，研发投入很少，直到加拿大巴拉德动力系统公司成功开发出质子交换膜燃料电池（PEMFC）。1993 年，巴拉德动力系统公司研制出使用质子交换膜燃料电池的公共汽车，成为全球最早试制燃料电池公共汽车的厂家。该车 200 kg 的氢气储存在车厢底板下的高压氢瓶中，功率达 105 kW，最高时速为 72 km/h，续驶里程可达 160 km，基本符合城市公共汽车的使用要求。之后，巴拉德动力系统公司将这辆载客 20 人的燃料电池汽车卖给了美国洛杉矶机场。

2018—2019 年，针对现有动力电池的能量密度、功率密度和安全性等问题，全球部分学者又将目光转到固态电池、超级电容等储能装置。范修林等人指出使用硫化固体电解质的室温全固态 Na-S 电池是一种有前途的下一代电池技术。2019 年先进锂离子电池和系统开发制造商万向一二三与 Ionic Materials 先进材料公司的全固态电池研发取得里程碑式进展。

（二）驱动电机技术取得长足进步

20 世纪 90 年代以来，车用电动机逐渐由原来的直流式过渡到交流式。这一变化与交流电机的特点密不可分，交流电动机的功率密度比直流电动机更高，能够再生制动，在日常维护方面也更加方便。这一时期，交流电动机主要有交流感应电动机、永磁电动机和开关磁阻电动机三种类型。永磁电动机体积小、效率高，价格也相对可被接受，自然成为电动汽车的最佳选择，如日本东京电力公司参与研发的"IZA"（1991年）、丰田的RAV4-EV（1997年）等都使用了永磁电动机。此外，开关磁阻电动机结构坚固、起动性好、制造工艺简单，而且成本低，也是一种较为适合电动汽车的电动机类型。当然，对电动机的研究还远没有达到尽善尽美的程度，随着对其研究的深入和新材料、新工艺的采用，驱动电机的技术还在不断发展，特别是结合汽车特性的电机开发，也在持续进行。

（三）纯电动汽车、混合动力电动汽车、燃料电池电动汽车并驾齐驱

纯电动汽车作为新能源汽车的先驱，在不断发展的过程中，针对其存在充电时间长、续驶里程短的问题，出现了混合动力电动汽车。有学者称混合动力电动汽车为"过渡产品"，但有学者则持不同观点，认为混合动力电动汽车不一定是过渡产品，而是新能源汽车比较好的一个解决方案，特别是插电式混合动力电动汽车和增程式电动汽车。

1. 纯电动汽车

数次石油危机和环境问题让电动汽车重新进入了公众的视野。作为已有一定发展基础的纯电动汽车，抓住了机遇，快速发展了起来。在纯电动汽车领域，我国的综合技术水平走在了世界前列。

美国通用汽车公司在1996年发布了第一代电动概念车EV1，该车配有在当时看起来非常先进的技术，也有较好的性能。此后通用为EV1配备了镍氢电池。特斯拉虽然是2003年才成立的公司，但是在电动汽车领域有着绝对的影响力。在2008年，特斯拉发布了一款运动型量产跑车Roadster，短短几年又接连发布Model S，Model X，Model 3等多款车型。2019年特斯拉来到中国上海安家落户，建造其全球超级工厂。中国工厂在2023年9月实现零部件国产化率95%以上，能够促进我国纯电动汽车车企相关供应商的技术成长，促进我国纯电动汽车产业链的成熟。除了美国，欧亚地区的各国车企表现同样亮眼。2013年，宝马发布了i3车型，这一车型的可靠性、耐用性和实用性都为客户所肯定。同年，大众在法兰克福车展发布了e-Golf纯电动汽车，这款车加入了很多特殊设计，采用大众独立研发的高品质电机，并配备了新一代BMS（电池管理系统）。法国雷诺也于2012年推出ZOE城市汽车，这款车配备了50 kW快充系统。除此之外，还有现代、丰田等日韩企业也加入了纯电动汽车大军。

在中国，比亚迪作为全球第二大充电电池生产商，在电池技术领域积淀很深。众所周知，电池技术是纯电动汽车最重要的总成之一。凭借着电池技术优

势，比亚迪开始设计并制造电动汽车。2006年，比亚迪第一款搭载磷酸铁锂的F3e车型研发成功，其零部件和控制系统自主研发和制造。随后，比亚迪接连发布了唐、宋、e5、e6等多款车型，在国内市场取得成功，在国外市场也产生了一定影响。除此之外，比亚迪的电动大巴以其先进的技术和优秀的性能，畅销国内外。除了比亚迪，中国不仅有像北汽、吉利这样优秀的传统汽车企业，生产出了如北汽EV200、EX260，吉利帝豪GSe、EV450这样优秀的电动汽车，还有像蔚来、小鹏、理想这样的新兴造车企业，正是这些车企的共同努力，才使中国的新能源汽车产销量占据全球半壁江山。

2．混合动力电动汽车

纯电动汽车固然美好，但续航里程制约了纯电动汽车的很多应用场景。在此背景下，混合动力电动汽车便是一个折中的选择。它主要以内燃机和蓄电池为动力源，兼顾了两者的特点，既可以提高发动机的经济性，也不会影响动力性能。在零排放电动汽车未成主流之前，混合动力电动车可以较好地应对新环保法规。

第一辆混合动力电动汽车出现在20世纪初期，被命名为"洛纳-保时捷"，这款车属于"串联型"混合动力，内燃机先给电池充电，再由电池给车辆的电机提供电能。此后保时捷在2010年发布了一款918 Spyder混合动力版的概念车，具有跑车的外观，配置V8发动机，再配以动力电池辅助，使这款车具有良好的加速性和动力性。其车身设计和尾气排放也具有一定的先进性，能够辅助提高车辆性能。

在混合动力电动汽车领域，丰田的地位十分重要。20世纪90年代，丰田认为，由于电池技术存在较大的瓶颈，在短期内不可能有所突破，所以其将更多的资源投入混合动力汽车领域，从而奠定了丰田在该领域的地位。丰田于1995年发布了第一代普锐斯，并在1997年上市，是最早市场化的混合动力车型。在其技术团队的努力下，丰田设计的行星齿轮机构经过不断迭代升级，直到今天也仍然是混合动力电动汽车里最佳的传动系统之一。有了第一代的基础，丰田不断发布新一代车型，第二代、第三代、第四代的性能也不断提高，配置不断丰富，使其在混合动力汽车领域的影响力越来越大。

除此之外，日产、本田也在混合动力领域有着不俗的表现，如日产的e-POWER、本田的i-MMD等都从不同的角度实现了高效的动力混合与传递，提高了混合动力车辆的性能。还有像三菱、宝马、现代等国外企业也在混合动力领域作了很好的尝试并取得了良好的业绩。

国内车企在混合动力领域也进行了一些探索，如比亚迪、长安汽车、广汽新能源和吉利新能源等企业都占有一定的混合动力电动汽车市场。

3．燃料电池电动汽车

混合动力电动汽车虽然能够提高燃油效率，减少能源消耗和大气污染，但依然需要消耗燃料。纯电动汽车虽然在行驶过程中没有污染物排放，但是从全生命周期的角度考虑仍然需要化石燃料的燃烧转换，解决这个问题需要开发出更多种类的新能源（如水电、太阳能、风能等）。此外，报废的动力电池的回收处理也是一个大问题，目前专家和学者都在探索有效的解决方法，如梯级利用、回收等。

针对于此，一个近乎完美的解决方案——燃料电池电动汽车进入了人们的视野。燃料电池本身并不是新生事物，据记载，早在1839年，格洛夫爵士（Grove）就发明了氢氧气体电池。此后，培根（Bacon）开发出培根燃料电池并获得专利。之后，燃料电池才走出实验室应用到各领域。早期的燃料电池主要应用在军事、科学和研究等方面，20世纪60年代至今，各种类型的燃料电池均处于实用性开发阶段。前已述及，燃料电池走进汽车领域则归功于巴拉德动力系统公司，它首次成功开发出适合作为汽车动力电源的质子交换膜燃料电池。从此，燃料电池发动机进入了研发阶段，随之出现了燃料电池汽车。

在中国，万钢教授在2000年向国务院提出了"开发洁净能源轿车，实现中国汽车工业跨越式发展"的建议，并担任国家863计划电动汽车重大专项首席科学家、总体组组长，作为第一课题负责人承担了燃料电池轿车项目。经过几年的努力，中国燃料电池汽车的研发取得了快速的进步。2003年，同济大学燃料电池汽车研发团队在万钢教授的带领下，成功研制出中国第一辆燃料电池轿车"超越一号"，并开始示范运行，后来又推出了"超越二号"和"超越三号"。此外，在2008年北京奥运会上，共有20辆燃料电池轿车、3辆燃料电池城市客车为"绿色奥运"服务。在2010年的上海世博会期间，又有196辆燃料电池汽车在园区内服务，实现零碳排放。

第二章　新能源汽车产业的发展现状分析

第一节　新能源汽车产业发展分析

新能源汽车因其环保、节能、智能等先天优势，近年来开始被大规模推广普及，相关技术不断创新和突破，新能源汽车产业也在快速发展，并已经逐渐引领汽车产业整体发展方向。汽车产业正在经历自诞生 100 多年以来前所未有的深刻变革，并开始逐步扩展到其他相关产业，进而影响整个经济体的发展，是目前发展态势最好的新兴产业。

一、新能源汽车产业发展现状

虽然 20 世纪 90 年代已经有汽车企业推出新能源汽车，但新能源汽车在商业化领域一直发展缓慢，销量处于较低水平。2008 年比亚迪公司推出的插电式混合动力汽车 F3DM，是我国新能源汽车市场的重要起步。日产汽车在 2010 年年底推出日产聆风纯电动汽车，一经上市便风靡全球。2012 年特斯拉公司推出的 Model S 纯电动轿车以其媲美超跑的性能、酷炫的流线车身和丰富的辅助驾驶吸引了众多消费者，使新能源汽车关注度大增。2013 年 Model S 销量达到 2.23 万辆。2015 年 1 月全球首款插电式混合动力 SUV——比亚迪唐正式上市，并在当年取得了销量 1.8 万辆的成绩，9 月特斯拉顺势发布全球首款纯电动 SUV——Model X。

随着一批重磅新能源车型的发布和上市，新能源汽车产业进入快速发展时期并持续至今。由图 2-1 可知，2016 年新能源汽车销量为 77.4 万辆，较 2015 年的 54.94 万辆同比增长超过 40%，远高于同期汽车总销量 4.5% 的增长率。2017

年新能源汽车销量首次突破100万，达到120.12万辆，2018年更是首超200万辆，达201.82万辆，增长率高达68.02%，创历史新高。2019年全球市场销量为221万辆，增长率不到10%，为近5年来最低；但在全球汽车总销量下跌的局面下，新能源汽车仍然实现了增长。2020年，全球汽车销量同比大幅下降，而新能源汽车销量却逆势同比上涨46.6%，达到324万辆，销量再创历史新高。截至2020年年底，新能源汽车保有量已突破1 000万辆大关，新能源汽车成为全球汽车产业重要增长点。2021年全球新能源汽车销量为650万辆，同比增长108%。2022年全球新能源汽车销量为1 065万辆，首次破千万，同比增长63.6%。

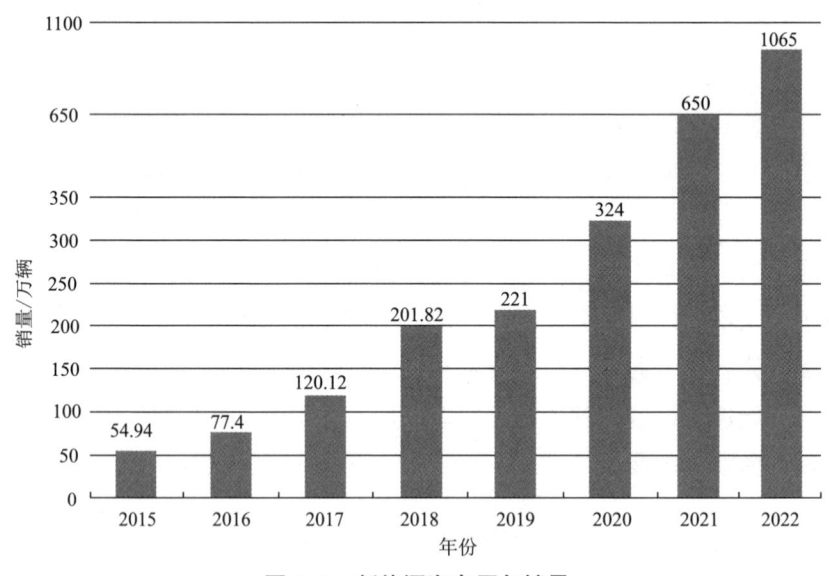

图 2-1　新能源汽车历年销量

新能源汽车产业不仅在产销量上快速增长，而且影响着整个汽车产业的发展走向。目前全球推出新能源汽车产品的整车企业已经超过50家，其中包括特斯拉、蔚来、小鹏、理想等超过20家的单一新能源汽车企业。2020年6月11日特斯拉市值达到1 901.22亿美元，成为全球市值最高的汽车企业，这是新能源汽车企业登顶车企的市值最高点。而大众、丰田、通用等传统燃油车巨头也都纷纷开始转型，积极投身于新能源汽车的研发和制造，争夺市场新能源汽车。

除整车制造之外，相关的汽车零部件产业同样受益于新能源汽车的快速发展。作为核心零部件，动力电池产业发展尤为迅速，松下、LG、三星等传统电池制造商纷纷进军动力电池这一前景广阔的新兴市场，比亚迪、宁德时代等新兴电池制造商也加入市场竞争。此外，博世、爱信、潍柴、采埃孚等传统燃油车零部件企业开始涉足新能源汽车领域,寻找新的利润增长点。

新能源汽车产业不仅促进了汽车相关产业的发展,而且带动了更多的产业发展:一方面积极与新能源、新材料、高端装备制造、电子信息技术等其他新兴产业紧密融合,促进新兴产业的共同发展;另一方面倒逼传统的能源、化工、装备制造产业向更加高效、环保、节能的绿色领域加快转型,对经济发展、环境保护、节能减排等各个方面都做出了重大贡献。新能源汽车逐渐改变了公众对汽车产品的固有认知,使其开始接受新能源汽车并成为潜在消费者。由此可见,新能源汽车不仅正在深刻影响着汽车产业的发展,还深刻地改变着人们的生活方式。

二、新能源汽车产业发展特点

(一)纯电动汽车为主,其他车型为辅

纯电动汽车完全以电能为动力源,相比混合动力汽车而言,可以大幅度降低用车成本、节约化石能源、实现真正的零排放,在节能环保方面优势尽显;比同样零排放的氢燃料电池汽车更加安全可靠,充电桩数量多。纯电动汽车在安全性和配套设施方面优势明显,是目前较为理想的新能源汽车。2016年全球纯电动汽车销量占新能源汽车总销量的64%,2017年占比提高到69%,2018年下滑到66%。2019年全球纯电动汽车销量达到163.54万辆,占新能源汽车总销量的比例提升到74%,销量和占比均创历史新高。纯电动汽车近年来占新能源汽车总销量比例一直保持在60%以上,比重最高并超过了其他车型的总和,是新能源汽车销量的绝对主力。随着电池能量密度和封装技术的提升,纯电动汽车续航里程和安全性还会逐步提高。在可预见的未来,纯电动汽车仍然是新能源汽车销量的主力军。

纯电动汽车虽然销量最高,但由于目前电池技术和配套设施仍然有待完善,加之充换电时间相比加油时间更长,在长途行驶方面仍然存在明显劣势。混合动力汽车虽然用车成本更高,但因为存在发动机,在馈电情况下还可以使用燃油替代行驶,依然有庞大的固定群体需求,是向纯电动汽车过渡的理想车型。2019年全球混合动力汽车销量占新能源汽车总销量在25%左右,是销售量仅次于纯电动汽车的车型。氢燃料电池汽车作为新型的新能源车型,近年增长快速。2020年全球氢燃料电池汽车销量达到9006辆,但占新能源汽车总销量的比重不足1%,还需较长时间推广普及。

（二）传统车企陆续进入市场，竞争与合作并存

新能源汽车发展初期主要靠新兴汽车企业（如比亚迪、特斯拉）研发和生产新能源汽车产品。2015年，比亚迪首次荣登全球新能源汽车销量榜首，自2015年起蝉联3年全球新能源汽车销量冠军。2019年，特斯拉销量超越比亚迪，成为新的新能源汽车销量冠军。蔚来、小鹏、理想等新兴汽车企业同样表现优异。新能源汽车发展初期，新兴汽车企业是重要推动力量。

反观传统燃油车企业，由于常年专注于燃油车领域，反而在新能源汽车领域的技术储备和制造经验相对欠缺。较早尝试生产新能源汽车的通用公司因没能将其成功市场化，最终关闭项目，直到11年后才重启新能源汽车项目；成功推出普通混合动力汽车普锐斯的丰田公司在插电时代逐渐失去优势，销量从2012年最高的近15万辆逐步下滑到2018年的5万辆左右；凭借聆风纯电动汽车占有新能源汽车一席之地的日产公司由于产品更新缓慢、乏善可陈，销量下降严重，2019年总销量已跌出全球前五；曾多年连续保持全球汽车销量第一的大众集团直到2016年才加速推进新能源汽车领域。

2016年以来新能源汽车在汽车总体销量的占比一直在快速提高，新能源汽车企业开始与燃油车企业激烈地争夺市场，部分燃油车企业已经意识到新能源汽车的未来前景，积极地通过合作向新能源汽车企业学习。早在2010年戴姆勒－奔驰就与比亚迪合资成立纯电动汽车品牌腾势，但发展不甚理想，一直处于亏损中。腾势的困境使戴姆勒－奔驰等传统车企意识到合作不是唯一途径。于是，2011年以来日产、雷诺、宝马、丰田、大众等企业相继投入专项资金、人力、技术进入新能源汽车领域，同时积极与新能源车企合作，提升自身的研发实力。2018年以来，已有数家传统车企与新能源车企展开合作。2019年11月比亚迪正式宣布与丰田合作，共同开发整车及动力电池，这是整车企业首次在新能源汽车领域进行共同研发；2020年6月大众集团与江淮汽车达成合作，从事新能源汽车研发制造等业务；此外，宝马、通用、日产都与相关新能源汽车陆续展开合作。得益于自研与合作相结合的战略，传统车企近年开始与新兴企业争夺新能源汽车市场。2019年新能源汽车企业销量排行榜前十名中除特斯拉和比亚迪两家新兴汽车企业之外，其余均为传统燃油车企业。传统燃油车企业已经具备很强的竞争力，与新兴汽车企业竞争与合作并存的局面将长期存在。

（三）整车企业和零部件企业的联系日渐紧密

燃油车时代整车制造企业在汽车整体产业当中一直处于绝对的主导地位，主

流整车企业大多可以自主研发和生产发动机、变速箱和底盘三大核心零部件。核心零部件企业的采购商大多是实力不强的中小整车制造企业。进入新能源汽车时代，动力电池、电控系统和驱动电机成为新的三大核心零部件，其中动力电池为最核心零部件，成本占到整车成本的 1/3 至 1/2。目前全球整车企业中只有比亚迪使用的是其自主研发生产的动力电池，其余企业均不具备生产能力。相当一部分企业不能自主研发生产电控系统和驱动电机。整车制造企业在新能源汽车核心零部件的明显劣势，是其前期发展缓慢的重要原因。

整车制造企业的困境使零部件企业看到了发展机遇。成立于 2011 年的宁德时代是一家专注于动力电池研发和生产的企业，随着 2015 年之后新能源汽车产业的迅速发展，其发展速度也走上了快车道。2017 年宁德时代动力电池装机量首次夺得全球动力电池装机量冠军，其后又蝉联 3 年冠军，成为当之无愧的全球最大动力电池生产商。宁德时代的巨大成功得益于其高性能的动力电池和与整车产品的高匹配度。目前与宁德时代合作的整车企业客户超过 20 家，其中不乏大众、丰田、奔驰、上汽、一汽、东风、北汽、吉利、宝马、宇通、特斯拉等大型企业。此外，松下、LG、三星等传统电池生产商同样抓住了新能源汽车产业快速发展的契机，实现了自身的快速发展。

除了新兴零部件生产商，传统零部件生产厂商也在积极转型，研发新能源汽车核心零部件。博世、大陆、电装先后推出了新能源汽车电控模块、驱动电机等相关零部件；2019 年全球知名的汽车零部件制造商——采埃孚公司研发出全世界首款针对高性能纯电动汽车的二挡变速箱，并率先定制在保时捷 Taycan 纯电动轿跑车型上。纯电动汽车多挡变速箱的首次高度定制开启了新能源汽车时代整车企业与零部件企业合作的崭新篇章，今后将会有更多的整车企业与零部件企业在新能源汽车领域合作，加深彼此之间的联系。

三、新能源汽车产业发展趋势

（一）由政策导向型向技术导向型转变

新能源汽车产业在发展初期，技术含量和产品质量还处于初级水平，与已经十分成熟的燃油车产业相比发展水平还较低，所以在发展初期以政策推动为主要手段。中国、美国、挪威、英国等国在新能源汽车发展初期为消费者和生产企业提供了相关扶持政策，包括购车补贴、免购置税、不限行等，并且在短期内取得了显著效果。但这种做法也使部分新能源汽车企业过于依赖扶持政策，特别是中小企业。2013年至今，全球范围内已经有超过20家新成立的新能源汽车企业破产倒闭。

新能源汽车补贴政策在短期内对产业发展有实际的促进作用，但也使部分新能源汽车企业过分依赖补贴，同时增加了国家财政支付负担，进而影响到其他产业的发展。针对这一系列问题，主要新能源汽车推广国家相继作出相应的政策调整。2015年4月中国财政部等四部委联合发布《关于2016—2020年新能源汽车推广应用财政支持政策的通知》，补贴自2017年开始逐渐退坡，至2020年完全停止；美国政府已于2017年年底停止部分新能源车型税收抵免政策，并计划于2019年年底全面取消新能源汽车补贴（截至2021年11月，暂无数据显示已全面取消新能源补贴）；英国政府计划2018年11月起取消混合动力汽车补贴。2016—2019年全球已有近10个国家开始实施新能源汽车补贴退坡政策，新能源汽车价格随即上涨，销量受到直接冲击，导致2019年新能源汽车增长率创近4年来新低，全球最大新能源汽车市场——中国甚至首次出现负增长。

面对这一状况，各大相关企业通过加大投入资金、人才、设备到新能源汽车产品的技术研发当中，以技术含量、工艺质量等过硬的产品力来吸引消费者购买，真正提高产品竞争力，摆脱政策依赖。2017年之后，新能源汽车技术的更新换代开始加快，新技术接踵而至：动力电池能量密度稳步提升、碳化硅控制模块开始替代IGBT、轮毂电机已经投入使用。除核心技术外，辅助技术如人工智能、换电技术、轻量化车身、智能外饰、能量回收、多挡变速箱等技术都日渐成熟。此外，全固态电池、太阳能电池、全自动驾驶等技术正在持续研发中，在不远的未来新能源汽车将迈入新纪元。

（二）车机系统网联智能化趋势明显

汽车诞生之初是以纯交通工具的身份出现的，担负通勤和运输的任务。早期的汽车除了必需的组成部分，基本没有其他组件，无法满足驾乘人员舒适性和娱乐性需求。20世纪20年代开始出现全封闭车身和车载收音机；40年代出现车载空调，这时车辆的舒适性和娱乐性开始得到重视；50—70年代开始出现安全带和安全气囊，车辆的安全性逐渐被重视；80年代汽车开始电子化，众多新兴电子技术逐步取代原来单纯的机电液操纵控制系统，内饰设计方面参考航空器风格，按键密集地堆砌在中控面板，显示车型的科技感，彩色数字也在尽力展示大量信息；90年代之后中控屏开始推广；进入21世纪之后手机开始快速普及，车载蓝牙功能可以让驾驶者在行驶中更安全地接打电话。

燃油车时代的车载设备虽然一直在稳步更新，但总体上偏保守，并没有突破性的创新。直到 2012 年，特斯拉公司发布的 Model S 纯电动轿车才颠覆人们的认知。该车不仅在性能和外观方面令人惊叹，更是彻底颠覆人们对内饰的以往认知：17 英寸超大中控显示屏替代了之前的实体按键，厂商可以直接在线更新完善系统，提高更新效率、节省更新成本；消费者通过远程 OTA（Over the Air，空中下载技术）功能使汽车可以像智能手机那样随时随地通过网络升级系统；辅助驾驶功能与智能中控结合更是可以实现接近 3 级的自动驾驶。Model S 划时代的智能网联系统正式让汽车迈入智能化和网联化时代。

Model S 之所以可以实现智能网联功能，主要得益于它是一辆纯电动汽车，相比燃油车内部结构更加简单，核心零部件都是电子部件，可以更便捷地实现电子信息化；而燃油车由于内部结构复杂、电气设备缺乏，始终难以实现智能网联。新能源汽车的这一系列先天优势使其在智能网联方面迅猛发展。特斯拉之后，众多厂商开始投身于此，其中以互联网产业发达著称的中国新能源汽车企业最为积极：2014 年荣威就开始与阿里巴巴合作开发"斑马智行"车载系统；2017 年年底发布的蔚来 ES8 搭载全球首个实体可视人工智能系统"NOMI"；2018 年 4 月比亚迪发布 Dilink 智能网联系统，主要应用于汉、唐、秦、宋、元等新能源车型，目前已经发展到第五代 DiLink 5.0，可以实现智能语音、手机远程监控、APP 遥控驾驶等新功能，处于成熟期。此外，一汽、东风、北汽、长安、吉利、宝马、通用等汽车企业都相继推出了旗下新能源汽车的智能网联系统，智能网联领域呈现出百花齐放的繁荣景象。

（三）与相关产业融合发展

燃油车时代的汽车制造业由于使用传统机械结构和化石燃料，产业链相对封闭，主要与石油化工、机械制造等重污染、高能耗的传统产业相关性较强，相互联系紧密。随着近年来新能源汽车这一新兴产业的蓬勃发展以及传统重工业的持续衰落，汽车制造行业产业链结构发生重大变化，与传统产业的相关性持续降低，甚至与石油化工等传统能源产业彻底无关；同时，与新能源、新材料、电子信息、节能环保、人工智能等新兴产业相关性逐渐增强，融合发展趋势明显。

新能源汽车由于内部电子部件较多，更易实现自动驾驶、人工智能、远程控制等燃油车无法实现的智能网联功能，与电子信息产业联系最为紧密。2014 年，全球知名辅助驾驶芯片制造商 Mobileye 与特斯拉合作，为其提供辅助驾驶的软硬件解决方案，首款搭载车型为 Model S，这是新能源汽车企业与电子芯片企业的首次跨界合作，开启了新能源汽车产业与相关产业融合发展的序幕。之后Mobileye又陆续与大众、宇通、蔚来等企业在新能源汽车领域合作。同时，另一家全球知名显示芯片制造商英伟达与小鹏、理想等新兴造车企业在自动驾驶方面合作，争夺市场。除了硬件厂商，互联网企业也相继投身到新能源汽车领域：谷歌早在2012年5月就领到了内华达州机动车驾驶管理处颁发的合法车牌，这是全球首张无人驾驶牌照；百度在2013年启动无人驾驶汽车项目，其阿波罗（Apollo）自动驾驶平台已与数家新能源汽车企业展开合作；阿里巴巴于2014年与上汽集团深度合作共同研发的斑马系统目前已适配在上汽旗下荣威、名爵、大通系列以及斯柯达等合资品牌车型上；腾讯自2017年以来相继投资入股特斯拉和蔚来，累计总投资额超过20亿美元；2020年6月亚马逊收购自动驾驶公司Zoox，同年12月发布旗下首款全自动驾驶电动汽车Zoox Robotaxi；2020年8月华为发布HUAWEI HiCar解决方案，通过手机和汽车之间的连接，基于三层标准与能力，构建手机和汽车互助资源池，把手机的服务生态延伸到车内，实现"手机+车机"人机交互最优体验，比亚迪汉成为首款适配车型。

除了电子信息产业，新能源汽车产业还与其他相关产业联系紧密。由于新能源汽车主要以电能为动力源，对配套的电力资源和充换电设施的需求越来越旺盛，间接促进了传统的电子工业和装备制造业拓展新的业务。其中全球最大的电网企业——国家电网有限公司——近年大力推进充换电设施的建设，截至2020年10月，已累计建成充电桩10万台、充换电站1.2万座，已形成"十纵十横两环网"高速公路快充网络，覆盖我国国内171座城市，成为营业收入新的增长点，助其2018、2019年连续两年营业收入同比正向增长。新能源汽车产业还带动充电桩、换电站、逆变器、高功率变压器等相关充电设备产业迅速发展，其中许继电气、众业达、易事特、特锐德等以生产充换电设备为主的装备制造企业显著受益，在研发水平和营业收入方面取得了长足进步，已经处于国际领先地位。在新兴产业中，新能源和新材料产业与新能源汽车产业近年合作也日趋频繁。高强度钢、全铝合金、碳纤维材料开始应用于新能源汽车车身，通过轻量化实现续航里程的增加。

第二节　中国新能源汽车产业发展分析

中国汽车产业起步较晚、发展较快，但在快速发展的同时存在一些隐患。中国的燃油车技术虽然日渐成熟，但在高精尖发动机技术方面与发达国家仍然存在差距；同时，数量庞大的燃油车产生的大量尾气，是近年空气质量恶化的重要原因之一。中国汽车产业急需发展节能环保、技术领先和不使用石油的新型汽车，以提升中国汽车产业整体实力、改善空气质量以及摆脱对石油进口的过度依赖。于是，符合以上所有条件的新能源汽车产业应运而生。

一、中国新能源汽车产业发展现状

中国新能源汽车产业始于2006年。在国家节能减排政策的引导下，科技部启动了863计划新能源汽车重大项目，确立了"三横三纵"的新能源汽车产业发展战略。2007年，国家发展改革委在其发布的《产业结构调整指导目录（2007年本）》中将新能源汽车正式列入鼓励产业目录，新能源汽车产业的发展开始步入正轨。2010年9月8日召开的国务院常务会议审议并原则通过《国务院关于加快培育和发展战略性新兴产业的决定》，将新能源汽车正式列为七大战略性新兴产业之一。2011年之后，随着政府部门和相关企业投入的加大，新能源汽车产品质量和技术方面实现重大突破，产业发展速度明显加快。中国新能源汽车历年销量可见图2-2。2015年，中国新能源汽车产销量分别达到340 471辆和331 092辆，超过美国，首次成为新能源汽车产销量最高的国家。2018年年底，中国新能源汽车产销量首次双双突破100万辆，达127万辆和125.6万辆，销量更是占据全球新能源汽车销量50%以上份额，成为世界最大的新能源汽车生产基地和销售市场。中国新能源汽车产业不仅在规模上保持绝对优势，而且在产业竞争力上同样优势明显，其中比亚迪2015—2018年连续4年位居全球新能源汽车整车销量第一，宁德时代2017年首次登上全球动力电池装机量榜首，2018—2020年又连续3年蝉联全球动力电池销量冠军。2019年7月1日，由中国科学技术协会和海南省人民政府共同举办的首届世界新能源汽车大会（WNEVC）在海南博鳌召开，来自10多个国家和地区的政府部门及国际组织机构、100多家新能源汽车相关企业代表以及国内外各界嘉宾共1500余人齐聚博鳌。2019年受补贴退坡的影响，中国新能源汽车产销量首次出现下滑。2020年国际形势的错综复杂使中国的新能源汽车产业发展面临挑战。在产业各方参与者的共同努力下，2020年中国新能源汽车产销量止跌为升，达136.6万辆和136.7万辆，双双突破130万辆，创产销量历史新高。截至2021年6月，中国新能源汽车保有量已达603万辆，为全球之最，超过全球新能源汽车保有量的半数；中国的纯电动客车更是占据全球95%以上的市场份额；全球动力电池装机量前十名中中国企业占据 6 席，装机量占全球总装机量近一半。2020 年 11 月国务院印发《新能源汽车产业发展规划（2021—2035年）》，明确持续大力发展新能源汽车产业的方针。中国已经成为世界新能源汽车产业发展中心，在新能源整车和核心零部件等方面都展现出了绝对的优势，新能源汽车产业已经成为中国最具竞争力的新兴产业之一。

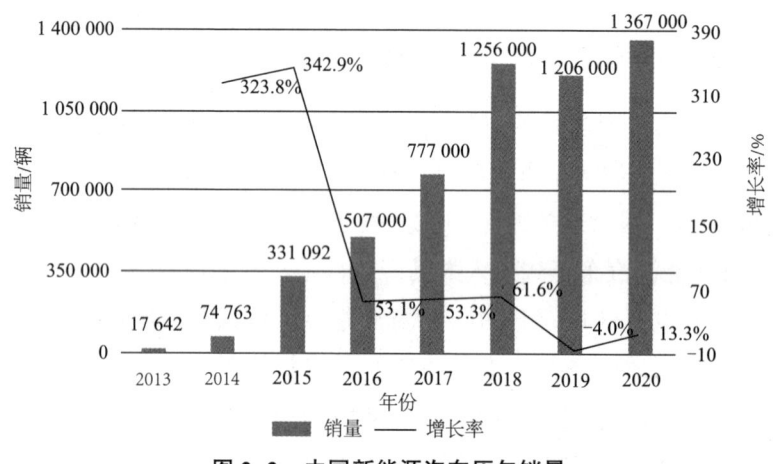

图 2-2　中国新能源汽车历年销量

中国新能源汽车产业虽然只有短短的十余年发展历史，但目前已经步入相对成熟期。由于新能源汽车属于我国战略性新兴产业，发展初期需要政策和资金扶持。以新能源汽车补贴退坡为节点，发展时期大致可以分为补贴时代和后补贴时代。这两个时期由于技术水平、产业规模、外部环境差别较大，加之新能源汽车补贴退坡的直接影响，呈现出不同的发展状态、路线和特点。

二、补贴时代发展分析

中国新能源汽车在发展之初由于存在缺乏研发资金、推广宣传不足等劣势，为加快新能源汽车产业技术进步，着力培育战略性新兴产业，2010 年 5 月，财政部、科技部、工业和信息化部、国家发展改革委联合出台《关于开展私人购买新能源汽车补贴试点的通知》，确定在上海、长春、深圳、杭州、合肥等 5 座城市启动私人购买新能源汽车补贴试点工作，插电式混合动力乘用车每辆最高补贴 5 万元，纯电动乘用车每辆最高补贴 6 万元，之后逐步推广到全国，各地方政府可根据地方财政状况自行制定地方补贴政策。2012 年 6 月，国务院发布实施《节能与新能源汽车产业发展规划（2012—2020 年）》，2012—2020 年购买纯电动汽车、插电式混合动力汽车将免征车辆购置税。2016年1月，财政部、科技部、工信部、国家发改委、国家能源局联合发布《关于"十三五"新能源汽车充电基础设施奖励政策及加强新能源汽车推广应用的通知》，鼓励充电设施的建设与推广，并给予相应的奖补资金，同时鼓励地方政府出台相关扶持政策。此后，北京、广东、山西等省市相继推出地方补贴，最高补贴额度甚至与国家补贴持平。地方政府通过给予高额的补贴加速当地新能源汽车的推广普及，并在这一过程中逐渐形成了不同的新能源汽车的发展战略。

（一）补贴时代的产业发展战略

1. 以纯电动汽车为主，其他车型为辅的混合车型战略

我国新能源汽车种类较多，可发展的方向较广，但真正可以实现技术突破和占领市场的车型较少。国家相关部门重点发展纯电动汽车这一在技术和市场两方面都具有重要作用和价值的车型，同时兼顾发展其他新能源车型，使各种车型技术取长补短、共同发展，再根据不同用途占领细分市场、扩大占有率，最终形成共同繁荣发展的良好局面。

纯电动汽车的动力来源完全为电能，而电力资源具有的价格低廉、使用方便等突出优势，纯电动汽车在国内的新能源车型中补贴金额最高。2016年中国纯电动汽车销售40.9万辆，占新能源汽车总销量的80%以上，成为新能源汽车行业的绝对主力；纯电动汽车的销量同比增长65.1%，高于其他车型的同时，作为配套设施的充电桩数量也同比增长118%，新能源车桩配比将逐年改善。在可预见的未来，纯电动汽车的销量和占比将会进一步提升。

纯电动汽车由于采用电动机、动力电池、电驱控制器组成的电力驱动系统，所以没有发动机、多齿比变速箱等燃油驱动部件，内部结构简单、生产复杂程度低、后期保养方便，可以为整车生产企业节省原材料，大幅度降低生产成本。在免购置税等其他优惠政策的共同推动下，价格还会进一步降低，并提高企业的销售额和利润。2016年3月16日，国家发展改革委核准北汽新能源股份有限公司生产纯电动乘用车项目，使它成为首家获得新能源汽车生产资质的企业。

除纯电动汽车外，插电式混合动力汽车作为另一重要新能源车型，很好地弥补了纯电动汽车当前续航里程较短、充电设施覆盖不到位等方面的不足，可以满足充电不便和远距离出行的消费者的需求。目前新能源汽车产业正处于各方面不断完善的过渡阶段。2016年中国插电式混合动力汽车销量达9.8万辆，占新能源汽车整体销量的19.3%，插电式混合动力汽车仍然是不可或缺的重要车型。比亚

迪、上汽等汽车企业在插电式混合动力汽车投入比重持续增加。此外，由于氢能是纯清洁能源，氢燃料电池汽车具有零排放的优势。宇通客车已发布氢燃料电池客车并将其投入生产。在不久的将来，氢燃料电池汽车将成为新能源汽车又一重要的发展方向和组成部分。同时，相关企业和机构在太阳能电池汽车方面的研发也在不断进行。

2．以"互联网＋"为依托的智能汽车发展战略

1989年8月中国科学院承担国家计委立项的"中关村地区教育与科研示范网络"（NCFC）[中国科技网（CSTNET）前身]的建设，中国正式开始建设互联网。1991年在中美高能物理年会上，美方提出把中国纳入互联网络的合作计划。1994年4月，NCFC率先与美国国家科学基金网NSFNET直接互联，实现了中国与Internet全功能网络连接，标志着中国最早的国际互联网络的诞生。中国科技网成为中国最早的国际互联网络。1994年，中国第一个全国性TCP/IP互联网——中国教育和科研计算机网（CERNET）示范网工程建成，此时中国互联网行业方兴未艾，相关企业如雨后春笋般涌现出来。1997—1999年诞生了网易、搜狐、京东、腾讯、新浪、阿里巴巴、百度等互联网企业，其中网易、搜狐和新浪在当时被称为三大门户网站，并先后在美国纳斯达克（NASDAQ）上市，一时风光无两。但2000年互联网泡沫破裂，并迅速波及全球互联网上市公司，几乎所有互联网上市公司都受到较大打击，大部分公司甚至直接倒闭，三大门户网站也深受其害，发展受到较大影响。与此同时，其他领域的互联网企业开始快速发展。2003年5月阿里巴巴旗下的淘宝网成立，之后急速扩张，2005年12月淘宝用户数和交易量位居行业第一，成为中国最大的电子商务交易平台，之后稳居国内同行业首位；2016年3月淘宝成交额达到4 758.9亿美元，一跃成为全球最大电子商务交易平台；2020年淘宝用户数突破8亿，用户数和销售额稳居全球第一。而另一家电子商务公司——京东，主攻自营式销售模式，自成立之初就一直是中国最大的自营式电子商务平台。2019年京东商城的销售额为2 590亿美元，仅次于亚马逊，为全球第二大自营式电子商务平台。腾讯发展初期主打网络在线通信，1999年2月推出QQ软件，其创新的即时通信功能使用户数飞速增长；2002年3月QQ用户数破1亿，2009年用户数突破9.9亿。2011年2月腾讯又推出了智能移动终端即时通信软件——微信，用户数同样飞速增长。2020年11月微信用户数已超过12亿，与QQ共同成为中文用户数最多的即时通信软件。百度在成立之初就专注于搜索引擎，2003年超越谷歌成为中国网民首选的

搜索引擎，之后一直保持最大中文搜索引擎的地位至今；百度还致力于人工智能的发展，是目前全球领先的人工智能企业之一。2010年之后外卖、短视频、共享经济等行业兴起，成为互联网新的发展方向，诞生了小米、字节跳动、美团、滴滴等新型互联网企业。互联网用户数逐年攀升，截至2020年年底，中国网民达9.89亿人，互联网普及率达70.4%。2020年世界500强上榜7家互联网企业，中国的京东、阿里巴巴、腾讯和小米等4家企业位列其中，中国互联网产业已经处于全球领先地位。

中国互联网产业的繁荣景象促使政府制定互联网相关的政策。"互联网＋"（Internet Plus）是将互联网作为当前信息化发展的核心特征提取出来，并与商业、金融业等服务业全面融合。2015年3月5日上午第十二届全国人民代表大会第三次会议上，《政府工作报告》中首次提出"互联网＋"行动计划，同年7月4日，国务院印发《关于积极推进"互联网＋"行动的指导意见》。"互联网＋"的正式推出，标志着中国真正有了自主应对第四次工业革命的战略。"互联网＋"与以往其他国家提出的互联网战略类似，但同时又具有融合性、嵌入性和自适应性三大特点，是未来中国在新兴产业发展的方面，有助于实现经济的跨越式发展。作为新兴产业发展中的佼佼者，新能源汽车产业肩负着使中国成为世界汽车强国目标的伟大使命。《关于积极推进"互联网＋"行动的指导意见》在"互联网＋智慧能源""互联网＋人工智能"等方面肯定了新能源汽车的作用和未来的发展方向。2017年6月15日，工信部发布关于征求《国家车联网产业标准体系建设指南（智能网联汽车）（2017）》意见的通知，进一步明确了建设智能网联汽车标准体系，鼓励新能源汽车利用"互联网＋"这一高效、智能的信息技术，提高新能源汽车的生产效率和使用体验，加快新能源汽车的发展。

由于新能源汽车的电子元件比传统燃油车更多，结构也更简单，更容易实现智能网联功能，新能源汽车理应成为智能网联汽车的先行者。新能源汽车企业从生产环节和使用环节两方面利用"互联网＋"技术升级现有的新能源汽车，使其向智能化方向发展。在生产方面引入智能制造理念，在使用方面利用云计算、大数据等技术开发联网客户端，实现实时监控、远程控制、驾驶辅助等功能。目前国内已经有比亚迪、上汽、吉利、蔚来等企业在进行这方面的研发并已经推出了相关车型，比亚迪的DiLink、上汽的斑马、蔚来的NOMI等智能网联车载系统已经日渐成熟。在不久的将来，智能网联汽车将会更加成熟，普及率更高。

（二）补贴时代的产业发展路径

中国新能源汽车产业的发展战略需要相关各方共同努力做好实施环节，使战略得以顺利推进。作为产业最直接和最重要的参与者，新能源汽车企业的具体发展路径和轨迹时刻影响着整体战略，在战略最终的实现过程中发挥着举足轻重的作用。各家企业自身实际情况不同，新能源汽车的发展路径也不尽相同，按照企业主营业务类型，大致可以把发展路径分为四类。

1. 传统燃油车企业进入新能源汽车领域

2016年中国新能源汽车销量虽然达到50.7万辆，领先全球，但同年中国汽车总销量为2802.8万辆，新能源汽车销量占汽车整体销量的比重仅为1.8%。传统燃油车企业仍然是汽车企业的主要产品，以绝对优势占据汽车市场。传统燃油汽车在整车制造、营销网络、售后体系等方面经过多年的发展已经相当成熟，可以为消费者提供品质优秀、安全可靠的产品。随着新能源汽车产业的快速发展，越来越多的传统燃油车企业进入新能源汽车领域。传统燃油车企业由于拥有丰富的整车制造经验和完善的销售网络体系，可以通过自主研发或收购相关企业来实现新能源汽车技术的突破，进而进入新能源汽车市场，此类代表企业有上汽、北汽、吉利等。2016年国内新能源汽车销量排名前十的企业有9家为传统燃油车企业，传统燃油车企业的新能源汽车销量占新能源汽车整体销量的80%以上。传统燃油车在整车制造方面有先天优势，但同时，新能源汽车研发和制造方面的缺失使其发展的上升空间受限。目前传统燃油车大多只能生产性能、续航一般的普通新能源乘用车，在高端和特种新能源汽车方面的产品十分匮乏，缺乏市场竞争力，产品质量和售后方面的问题也频频出现，这些是目前传统燃油车企业在新能源汽车领域急需解决的问题。

2. 相关零部件企业进入新能源汽车领域

零部件是汽车的重要组成部分，整车的生产是数十万个零部件的复杂整合过程。作为汽车生产中重要的供应商，相关的零部件企业在新能源汽车的发展大潮中，希望能通过自身拥有的核心零部件研发与制造优势，转型成为整车制造商，在新能源汽车这一新兴市场占有一席之地。零部件企业由于没有整车制造的经验，可以通过自建生产线或者收购其他整车企业进入新能源汽车领域，此类代表企业是比亚迪。比亚迪成立之初是一家电池生产企业，2003年通过收购秦川汽车才进入汽车制造业，2005年生产出第一辆汽车，2008年利用自身电池技术优势开始研发新能源汽车。比亚迪生产的F3DM是插电式混合动力量产汽车，之后又相继推出 e6、唐、秦等新能源车型，获得市场好评，销量激增。2015 年比亚迪新能源汽车以 61 726 辆的销量首次登顶全球，2016 年又以 100 183 辆的销量蝉联全球新能源汽车销量冠军。比亚迪的巨大成功极大地激励了其他汽车零部件企业进入新能源汽车领域。国内最大的汽车底盘系统制造商万向集团于 2014 年 3 月收购美国电动汽车制造商菲斯克公司，正式进入新能源汽车领域；而国内最大的汽车零部件企业潍柴动力也推出了英致新能源汽车。国内知名发动机制造商玉柴集团于 2005 年开始就积极发展新能源动力产业。

3．新成立的新能源汽车企业

近年来国内涌现出了众多新成立的新能源汽车企业。新成立的新能源汽车企业大多拥有自主研发的新能源汽车技术，可以绕过传统燃油车的初始发展阶段，形成新能源汽车发展的后发优势，利用"互联网＋"平台，直接进行新能源汽车的研发和生产，从事新能源汽车业务。

目前新成立的新能源汽车企业主要有两种：第一种是已经取得新能源汽车生产资质的企业，自建生产线进行新能源汽车的生产，此类代表企业是小米汽车；第二种模式是与现有取得新能源汽车生产资质的整车企业进行合作，新能源汽车企业提供技术、系统等方面的支持，整车企业提供生产线等设备支持，此类代表企业是蔚来汽车。由于新能源汽车产业准入的技术、资金门槛相对较低，预期利润可观，所以近几年出现了如游侠汽车、风翔汽车、奇点汽车、赛麟汽车、拜腾汽车等一批互联网造车公司跟风进入新能源汽车领域的情况，而这些企业由于缺乏必要的研发能力和技术条件，目前项目进度缓慢，没有在市场上推出实质性的产品，某些企业甚至已经破产倒闭，给社会造成巨大的资源浪费。

4．跨行业进入新能源汽车领域

无论是传统燃油车整车及零部件企业还是新成立的新能源汽车企业，都属于新能源汽车领域的相关企业，有一定的汽车生产和销售经验，利用现有资源可以更加便捷地进入新能源汽车领域。这几类企业是目前新能源汽车产业发展的主要力量，占据了新能源汽车市场的大部分份额。除此之外，也有其他行业的企业看中近年新能源汽车产业的蓬勃发展，开始进入这一新兴领域。

目前跨行业进入新能源汽车领域的模式主要有三种：第一种是自建生产线进行新能源汽车的生产，如汉能集团在 2016 年 7 月发布四款太阳能汽车，并计划未来两到三年内实现量产；第二种模式是收购相关企业进入新能源汽车领域，如格力电器在 2016 年 8 月收购银隆汽车，计划生产新能源汽车；第三种模式是入股新能源汽车企业，如腾讯公司在2017年3月用18亿美元买入特斯拉5%的股份，成为公司第五大股东。

（三）补贴时代存在的问题

中国新能源汽车产业的强势崛起得益于相关企业在产品质量不断提升和技术研发的不断突破，以及政府部门对产业的大力扶持。政府部门对产业的支持包括资金、场地、通行等方面，特别有成效的是资金性补贴。资金性补贴采取购车款减免和免车辆购置税的双补贴政策，对象包括新能源汽车相关企业和消费者。该政策一方面可以大大减轻企业在发展过程中遇到的资金短缺压力，鼓励企业持续研发新能源汽车产品；另一方面可以让消费者得到购车实惠，达到刺激新能源汽车的销量的目的。中央和地方政府从2009年开始对新能源汽车的生产和销售环节进行补贴。截至2019年3月，中央累计发放新能源汽车财政专项补贴约958.4亿元，全国上百家企业和上百万名消费者从中直接受益，进一步保障了新能源汽车产业的良性健康发展。补贴对新能源汽车的发展发挥了不可替代的巨大作用。

新能源汽车产业属于战略性新兴产业，其发展初期往往以政策引导为主。在扶持政策中，产品购买环节的货币补贴对产业发展的促进作用最为明显和直接。中国在2015—2017年蝉联3年新能源汽车产销量冠军，补贴在其中起到了至关重要的作用。但同时，初期补贴还存在漏洞，出现了一些前所未有的问题。

1. 过度依赖补贴造成竞争力下降

新能源汽车补贴的初衷是为了避免企业投资新能源汽车企业将大量资金投入产品研发而导致资金短缺的问题，其目的是使企业有足够的资金进行发展。比亚迪、北汽、宇通等大型新能源汽车企业直接从中受益，已成长为国内乃至全球具有产业影响力的重要企业。但同时，众多中小企业在获得新能源汽车专项补贴之后出于自身研发能力不强、管理体制不完善等的考虑，将部分或全部补贴挪用至其他方面，并没有充分发挥其作用，导致其技术实力和研发水平停滞不前，进而影响企业的整体发展。目前已经有数家新能源汽车企业在获得补贴之后仍然经营困难，其中海马连续两年巨额亏损，众泰整体被金马股份收购，知豆由于巨额债务导致其股权被拍卖。2019年以后，国内新能源汽车市场已经初现雏形，相比之下，中国部分品牌过度依赖补贴导致产品竞争力不升反降。

2. 个别企业骗取补贴，造成恶劣后果

由于中央政府和地方政府的补贴金额可观，所以一些企业开始投机取巧，把本应专款专用的补贴资金挪作他用。除了挪用新能源汽车补贴，部分企业还伪造产品参数和相关文件以骗取巨额新能源汽车补贴,其行为更加恶劣,造成的后果更加严重。

骗补事件发生之后,相关部门开始重点整顿新能源汽车产业,此后的数年同类事件鲜有发生。但骗补对新能源汽车产业的影响极差,在业界和社会舆论等方面都造成了极其负面的影响,直接促使相关部门大幅度修改现行新能源汽车补贴政策,对产业整体发展产生了极大的负面影响。

3. 新能源汽车配套设施建设不完善

国家能源局的统计数据显示,截至2016年10月末,中国电动汽车充电桩达到10.7万个,较上一年增长118%,加上私人充电桩,充电桩总数已经超过17万个;但相对于超过74万辆的新能源汽车保有量,车桩比仍高达近5∶1,充电桩的覆盖率远远无法满足新能源车主的需求。目前公共充换电设施不完善,新能源汽车的主要能源补给方式仍然是私家车位充电桩。但城市停车位不足,多数老旧小区没有固定车位、电容量没有多余负荷等,致使后期改造难度大,私人充电桩安装时常受阻。私人充电桩增长缓慢,公共充电桩也存在距离远、充电时间长、管理无序等突出问题,使用率较低。在可预见的未来,充电桩的缺口会进一步扩大,进而影响新能源汽车的使用和推广。

4. 地区发展不平衡

由于各地区的补贴金额和使用条件不尽相同,所以地区间的新能源汽车推广情况差异较大,同时也造成了地区间新能源汽车推广普及水平的不平衡。北京、深圳、上海等一线城市由于经济发展水平较高,有充足的财政收入,可以进行补贴,地区推广情况较好,普及水平高;但广大二、三线城市受限于经济实力和地方财力,无法对新能源汽车给予财政补贴和便利政策,导致其推广力度有限,普及水平低。

便利政策方面,国内大部分城市都出台了有利于新能源汽车推广普及的政策,如不限行、不限购、停车免费等,但有个别城市出台不限行政策时,依然将混合动力汽车归入限行车辆行列,对在新能源汽车占有相当比重的混合动力车的车主造成了极大不便。

三、后补贴时代发展分析

补贴政策在促进新能源汽车发展的同时,也带来了新的问题,其中的某些问题甚至成为产业进一步发展的巨大障碍。针对这一系列问题,中央政府在对新能源汽车产业进行补贴的同时，为进一步提高产业竞争力，开始逐步减少资金性补贴，引导企业逐渐摆脱补贴依赖、提升自身研发能力，客观上避免了骗取补贴等恶性问题的出现。财政部、科技部、工信部、国家发展改革委于2015年5月联合发布《关于2016—2020年新能源汽车推广应用财政支持政策的通知》，补贴自2017年开始逐渐退坡，至2020年完全取消，新能源汽车产业正式进入后补贴时代。2019年3月26日财政部、工信部、科技部和国家发展改革委联合发布《关于进一步完善新能源汽车推广应用财政补贴政策的通知》，其中明确地方政府不再对新能源汽车给予购置补贴。正式取消地方补贴标志着新能源汽车补贴减少50%左右，加上退坡的中央补贴，2019年7月国内新能源汽车产销分别为8.4万辆和8万辆，比上年同期分别下降6.9%和4.7%，为有数据统计以来的首次月度下降，之后连续6个月新能源汽车产销量同比下降。2019年中国新能源汽车销量为120.6万辆，同比下降4.0%，为有统计数据以来的首次下降。补贴退坡对新能源汽车产业的影响开始显现。

（一）后补贴时代的发展特点

2017年新能源汽车的退坡政策短期内对中国新能源汽车产业造成一定影响，但同时可以让各参与方更加清醒地认识到目前产业发展的真实状况，以便做出正确的发展战略和路线调整。除对新能源汽车产销量最直观的影响以外，综合车企双积分制、放开合资车企股比等一系列政策的效应，加上中美贸易摩擦等外部环境因素的影响，使新能源汽车产业发展环境发生重大变化。产业格局除了以往的固有态势，还呈现出一些新特点。

1. 总体销量和市场份额仍然呈现增长态势

2019年中国新能源汽车销量首次出现下滑，但之前的3年无论是总体产销量还是在汽车总销量的占比两方面均保持快速增长态势。2016年国内新能源汽车销量50.7万辆，占当年汽车总销量的1.8%；2017年国内新能源汽车销量达77.7万辆，同比增长53.3%，占当年汽车总销量的2.7%，比上年提高0.9个百分点；2018年新能源汽车销量125.6万辆，占当年汽车总销量的4.5%，比上年提高1.8个百分点；2019年新能源汽车总体销量虽然同比下降，但当年汽车行业整体销量降幅为8.2%，新能源汽车销量占当年汽车总销量的比例达到了4.7%，高于2018年；2020年汽车整体销量持续下滑，但新能源汽车销量却逆市上扬，同比增长13.4%，达136.7万辆，占汽车总销量的比重为5.4%，首次突破5%，新能源汽车销量和占比双双创历史新高，市场接受度进一步提升。这表明新能源汽车产业在逐步摆脱对补贴的依赖，更多地依靠自身产品实力去争夺并扩大市场销量和份额。新能源汽车在节能、舒适性、通行政策等方面相较传统的燃油车具有明显优势，这一观念也逐渐被大众接受。今后随着技术的不断进步和成熟，优势会进一步扩大，加上政府部门和社会舆论对新能源汽车的持续宣传普及，有购买意愿的新能源汽车潜在消费者数量会日益增多。在可预见的未来，新能源汽车的销量以及其占汽车总销量的比重会继续提高。

2. 传统车企大量进入市场，竞争与合作并存

除逐年递减的新能源汽车补贴政策之外，中央部委还出台了一系列鼓励新能源汽车产业发展的政策。2017年9月28日，工信部、财政部、商务部、海关总署、质检总局联合公布了《乘用车企业平均燃料消耗量与新能源汽车积分并行管理办法》（简称双积分制度），对传统能源乘用车年度生产量或者进口量不满3万辆的乘用车企业，不设定新能源汽车积分比例要求；达到3万辆以上的，从2019年度开始设定新能源汽车积分比例要求，2019年度、2020年度的新能源汽车积分比例要求分别为10%、12%，2021年度及以后年度的新能源汽车积分比例要求由工信部另行公布。

双积分制度是近年新能源汽车政策当中影响最为深远的一项，倒逼新能源汽车发展滞后甚至不发展的传统燃油车企业加速向新能源汽车方向发展转型。此后，大众、长城、吉利、宝马、福特等燃油车销量占比较大的传统汽车企业纷纷加快新能源汽车产品的研发，一方面为了应对新的双积分制度，另一方面为了抢占新能源汽车市场份额。而以蔚来、小鹏为主的新兴纯新能源汽车企业由于进入汽车行业时间较短，技术储备和制造经验不足，产品质量和售后问题的出现，影响了总体销量。2018年造车新势力全年销量2.6万辆，仅占当年新能源汽车总销量的2.1%；以比亚迪、北汽、上汽为代表的传统汽车企业的新能源汽车销量仍然占据绝对优势；此外，大众、宝马、长城等燃油车企业的新能源汽车产品销量快速增长。未来的新能源汽车市场竞争将更加激烈。

在各大汽车企业奋力占领新能源市场的同时，基于优势互补和利益共享的考虑，企业间在新能源汽车领域的合作也更加频繁。在此之前，比亚迪与奔驰在整车制造方面、宁德时代与主流整车企业在动力电池方面的合作就有进一步加深的趋势。双积分制度出台之后，新兴汽车企业与传统车企业之间也开始出现合作态势：蔚来与江淮集团、广汽集团在整车研发和制造体系达成合作；2019年7月比亚迪正式宣布与丰田合作，共同开发整车及动力电池，这是整车制造企业首次

在新能源汽车领域进行共同研发。

新能源汽车产业内部竞争与合作共存的现状一方面迫使汽车企业加紧提高自身研发实力，以适应市场环境而得以生存；另一方面促使企业通过合作共同进步，最终使产业整体向良性健康的方向发展。

3．与相关新兴产业深度融合

燃油车时代的汽车制造业由于使用传统机械结构和化石燃料，产业链相对封闭，主要与石油化工、机械制造等重污染、高能耗的传统产业相关性较强、联系紧密，且一直呈融合发展的态势。随着新能源汽车这一新兴产业的蓬勃发展以及传统重工业的持续衰落，新能源汽车产业链结构发生重大变化，与传统产业的相关性持续降低，甚至与石油化工等传统能源产业彻底无关；与新能源、新材料、电子信息、节能环保、人工智能等新兴产业相关性逐渐增强，融合发展趋势明显。

由于新能源汽车结构相对简单，电子零部件较多，车载智能网联方面具有结构性优势，所以目前大部分新能源汽车企业已经建立车载网联系统，车主可以随时监控车辆运行状态。上汽与阿里巴巴达成战略合作、比亚迪与华为联合开发车载系统表明汽车企业与互联网企业在逐步建立稳固的合作关系。汉能等光伏企业加强与汽车企业合作，共同开发太阳能电池汽车，已进入试验阶段，新能源产业与新能源汽车产业开始深度融合。轻量化车身可以大幅度提高电动汽车的续航里程，蔚来、长城华冠与相关新材料企业合作，分别在其推出的纯电动汽车产品上采用全铝合金车身和碳纤维覆盖件，新材料提高续航里程的效果明显。

新能源汽车产业与相关新兴产业的融合发展得益于双方在高效、节能、环保等方面的一致性，是新型的产业融合。新能源汽车产业已经成为产业融合发展的引领者，正在加速淘汰低效率、高能耗、重污染的传统产业，促进新兴产业共同快速发展，加快产业转型升级，最终促进整体经济发展。

4．高端市场日渐繁荣

在中国新能源汽车产业发展初期，由于企业发展规模和资金有限，加之当时社会整体消费水平，中国品牌汽车基本以10万元左右的低端车型为主。随着中国汽车技术水平和生产工艺的逐渐提升以及人均收入的快速提高，我国本土品牌汽车企业开始逐步向高端化迈进，售价开始逐步上探，10万～20万元的车型开始大量上市，与外资品牌争夺中高端市场，甚至出现高达500万元以上的红旗L5豪华汽车。但由于三电技术不成熟，新能源汽车市场仍然以10万元以下的经济型微型汽车为主。中国新能源汽车产业发展初期，放眼全球也仅有特斯拉生产高端新能源汽车。随着技术的进一步成熟,中国新能源汽车企业开始谋求突破。2015 年比亚迪率先打破沉寂,推出性能强大的混合动力轿车比亚迪秦和混合动力 SUV 比亚迪唐,其中比亚迪唐补贴后售价仍然超过 20 万元,成为当时中国品牌售价最高的新能源汽车。产品一经推出便广受好评,比亚迪唐更是在当年就拿到了中国新能源汽车销量第三的好成绩。比亚迪唐成功打开了中国品牌新能源汽车的高端之路,但更高的 30 万元价位仍然被 BBA(奔驰、宝马、奥迪)牢牢控制。2017 年 12 月,蔚来首款纯电动汽车 ES8 上市,起售价高达 44.8 万元,引起业界哗然。上市后,蔚来凭借过硬的产品力和优质的服务使其销量节节攀升。2020 年蔚来销量达到 4.37 万辆,平均成交价超过 42 万元,超过奥迪和宝马,成为成交价最高的中国本土汽车品牌,BBA 的地位开始受到挑战。除了蔚来,小鹏和理想均有售价超过 30 万元的车型,这 3 家企业的销量位列造车新势力三甲。在造车新势力的迅猛发展之下,传统汽车企业同样不甘落后,国产高端新能源汽车的开创者比亚迪再接再厉,在 2020 年 7 月推出比亚迪汉新能源豪华轿车。比亚迪汉上市后口碑极佳,销量持续上升,2020 年销量仅次于 BBA,位列中国 C 级轿车排行榜第四,是中国本土品牌 C 级轿车有史以来的最高排名。另一家传统燃油车豪华品牌——红旗开始全面进入新能源汽车领域。红旗在 2020 年年底推出 E-HS9 纯电动豪华 SUV,起售价超过 50 万元,成为当时 SUV 起售价最高的中国本土品牌。此外,上汽的智己汽车、吉利的极氪汽车、长城的沙龙汽车等高端汽车品牌相继成立。随着国人收入水平的快速提高和对民族品牌的认可度提高,中国品牌新能源汽车高端化之路前景一片光明。

(二)后补贴时代存在的问题

1. 整体增速大幅度放缓

中国新能源汽车产业规模在 2014—2018 年这 5 年持续高速发展,新能源汽车销量年均增长率一直保持在 50% 以上,即使是在 2017 年补贴减少之后,2018 年销量增长率仍然在 60% 以上,发展前景一片大好。但 2019 年 3 月,新的补贴政策发布,由于大幅度降低补贴额,新能源汽车市场形势急转直下。从 7 月新的补贴政策实施开始,新能源汽车销量开始大幅下跌,此后连续 6 个月下跌,直接导致 2019 年全年新能源汽车总体销量首次同比下降。2020 年虽然实现了正增长,但增速远低于之前的快速增长期,中国新能源汽车销量在全球总销量的占比也在持续下降。2016 年中国新能源汽车在全球总销量的比重为 65.5%,之后便开始逐年下降。2019 年由于销量下滑,占比已降至 54.5%;2020 年销量虽然同比增长，但增长率远低于全球整体水平，在全球总销量的比重仅为42.2%。

此外，市场形势的巨大变化导致政府部门和相关企业在新能源汽车未来发展前景和方向规划方面作出相应调整。2019年8月22日工信部发布对《关于研究制定禁售燃油车时间表加快建设汽车强国的建议》的答复，其中明确指出将支持有条件的地方建立燃油车禁行区试点，在取得成功的基础上，统筹研究制定燃油车退出时间表。海南省成为全国第一个禁售燃油车的试点，但海南新能源汽车推广效果却不尽如人意：2018年海南新能源汽车销量仅占汽车总销量的1.8%，远低于全国平均水平，禁售燃油车的目标依然任重道远。2019年下半年，蔚来、小鹏等新造车企业的纯电动汽车相继发生车辆自燃事件，引发主流媒体和评估机构对动力电池安全性的强烈质疑，使上述企业承受巨大的社会舆论压力，进而影响产品口碑和销量。同时学术界开始出现对新能源汽车产业发展路线不同方向的分歧和争论，提出质疑的人不乏中国科学院和中国工程院院士等技术领域专家。

2. 外资企业开始抢占市场份额

中央和地方政府在产业发展早期对新能源汽车企业提供巨额资金补贴，引导和鼓励汽车企业转型研发新能源汽车产品，使中国新能源汽车企业发展较快，相关产品技术和质量方面较为成熟，主导国内新能源汽车市场。2016、2017、2018年新能源汽车总销量中，中国品牌都达到了90%以上的市场份额，占据绝对优势，远超在汽车总体市场40%左右的市场份额，外资品牌基本无法与中国品牌抗衡。中国品牌之所以优势巨大，一方面是因为自身产品竞争力较强，另一方面是因为新能源汽车产业处于发展初级阶段，还在保护期内，中央和地方政府对新能源汽车企业的财政补贴使新能源汽车比同等燃油车价格低30%～50%，吸引更多消费者购买并从中受益。

然而，中国品牌新能源汽车的市场地位随着补贴退坡、双积分制、放开合资股比等一系列新政策的实施以及中美贸易摩擦等国际形势的突变而发生改变，传统外资燃油车企业纷纷开始转型发力新能源汽车产品，大众、宝马、丰田等国际汽车巨头相继推出自己的新能源汽车产品，开始与中国品牌争夺市场。以混合动力汽车为例，如图2-3所示，中国本土品牌在2015、2016、2017年中国混合动力汽车市场中的占有率一直在97%以上，2018年中国品牌占有率有所下降，但依然在85%以上，外资品牌毫无竞争力可言。但从补贴大幅度退坡的2019年开始，市场形势发生巨变：宝马5系、帕萨特、途观等热销外资燃油车型的混合动力版陆续上市，大举占领市场；与此同时，由于混合动力车型补贴下降严重，中国品牌转而主要发展纯电动汽车产品，在混合动力车型的研发投入减少，导致产品竞争力下滑。截至2019年上半年，外资品牌在国内混合动力汽车市场的占有率增长迅猛，已经接近40%，中国品牌的市场份额下滑严重。虽然混合动力汽车销量在新能源汽车总销量的占比已不足20%，但仍然要引起本土混合动力汽车企业的警觉。

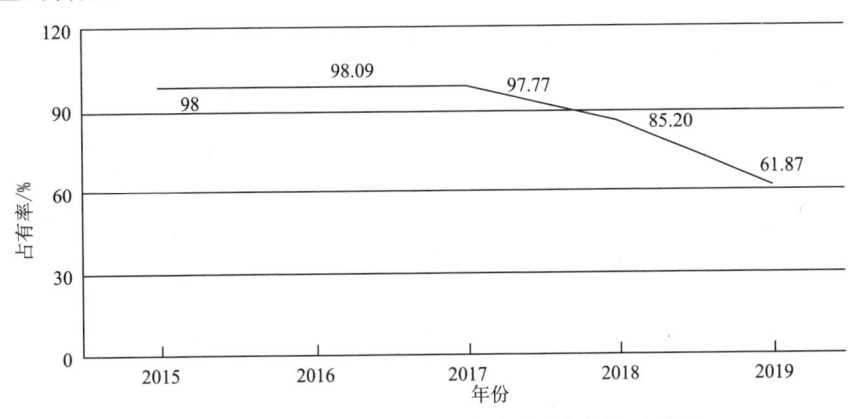

图 2-3　中国本土品牌混合动力汽车市场历年占有率

此外，2018年4月发布的放开车企合资股比政策对外资汽车企业在华投资计划产生了重大影响。新政实施之后，宝马、丰田等企业随即开始调整在华企业的投资比例，而之前采用整车进口方式进行销售的外资新能源汽车企业开始纷纷以新的方式进入中国市场。2019年1月7日，全球最大的纯电动汽车生产企业特斯拉的独资工厂在上海自由贸易区临港新片区开工建设，特斯拉成为中国首家外资独资汽车企业；同年10月，首辆Model 3轿车正式下线，价格比之前的进口车型低数万元，产品竞争力大增；2020年1月在我国生产的特斯拉正式交付，2月便以3 900辆的销量首次成为国内新能源汽车销量冠军，3月销量更是一举突破万辆，拉大了与其他品牌的优势。2020年国产特斯拉销量达137 459辆，获得中国新能源汽车单一车型销量冠军，创外资新能源汽车销量新高，而中国市场的热销也助其蝉联2020年全球新能源汽车销量冠军。外资品牌在中国新能源汽车市场的占有率已接近30%，中国品牌的市场份额在未来会持续受到外资品牌的冲击。

3．技术发展相对缓慢，市场吸引力有限

新能源汽车产业目前还处于初级发展阶段，技术水平虽然一直在提升，但总体还不够成熟。2017年之前，中央对新能源汽车产业进行大力的政策扶持和资金补贴，使产业一直处于平稳快速的发展状态，促进效果明显；但随着补贴逐步退坡，新能源汽车与燃油车相比价格优势消失，销量开始下滑，与此同时相关核心技术没有取得重大突破，导致竞争力进一步下降。

以动力电池为例，动力电池是新能源汽车最核心的部件，其成本占到新能源汽车总成本的1/3甚至一半，决定了汽车的续航里程。2017年以来，工信部制定的新能源汽车补贴标准对动力电池的能量密度有明确详细的要求，并且逐年提高标准，只有高于最低能量密度标准才可以获得相应的全额补贴，同时给予超过标准的高能量密度的产品更高倍数的补贴，目的是鼓励新能源汽车企业加大研发，提高能量密度。2017年非运营新能源车的补贴方面，纯电动乘用车30分钟最高车速不低于100 km/h，纯电动乘用车动力电池系统的质量能量密度不低于90 Wh/kg，对高于120 Wh/kg的按1.1倍给予补贴，纯电动乘用车产品，按整车整备质量（m）不同，工况条件下百公里耗电量（Y）应满足以下要求：$m \leqslant 1\,000$ kg 时，$Y \leqslant 0.014 \times m + 0.5$；$1\,000 < m \leqslant 1\,600$ kg 时，$Y \geqslant 0.012 \times m + 2.5$；$m > 1\,600$ kg 时，$Y \leqslant 0.005 \times m + 13.7$。另按照国家规定，地方各级财政补贴不得超过中央补贴的50%。2019年上市销售的新能源汽车最长续航里程仅为650 km。2020年4月公示的极狐ARC FOX α T的能量密度达到194.12 Wh/kg，创能量密度新高；同月上市的小鹏P7纯电动轿车续航里程达到706 km，为2020年续航里程最长的纯电动汽车。但目前绝大部分纯电动汽车的续航仍然在500 km左右，与燃油车相比不占任何优势。新能源汽车企业在能量密度的提升相对缓慢，在续航里程方面的提升十分有限。

除动力电池以外，中国品牌在IGBT、充换电等方面的技术与外资企业同样存在差距，目前仅有比亚迪、中国中车、蔚来、北汽等少数企业掌握核心技术，而某些企业在发展新技术的同时往往忽略汽车最基本的安全技术。2019年5—7月的短短3个月里共发生79起新能源汽车自燃事故，涉及数个品牌，大部分集中在新进企业，主要是因为新企业为追求短期补贴和利润，盲目自发地扎堆进入新兴产业，但研发实力、生产经验与传统企业差距仍然较大，无法进行良好的产品质量把控。

4. 新兴企业扎堆野蛮无序发展

中国新能源汽车产业近年的快速发展不仅使传统企业从中受益，还凭借着优厚的产业扶持政策以及新兴企业的成功迅速吸引众多相关从业者和资本。2014

年游侠汽车的成立拉开了新兴企业进入新能源汽车产业的序幕。对新能源汽车产业未来发展前景的持续看好，使新成立的新能源汽车企业如雨后春笋般诞生。截至 2019 年，已经有超过 50 家新能源汽车企业相继成立，他们被业界称为造车新势力，其中不乏蔚来、小鹏、理想、合众、零跑等优秀企业。部分新兴企业在激烈的新能源汽车市场竞争中脱颖而出，开始和传统企业正面竞争。但其他大部分企业在成立之后就发展缓慢，特别是在新能源汽车补贴退坡之后，过度依赖资本的造车新势力整体发展形势急转直下：拜腾、赛麟、长江、乐视等汽车企业由于经营困难已经破产倒闭，而前途、奇点、绿驰、爱驰等企业由于销量惨淡，已处于停工状态，前途未卜，目前能够正常运营的企业不到 10 家。造车新势力头部企业——蔚来 2020 年销量仅排名中国新能源汽车企业第八，如果放在汽车整体市场中其排名还要后移，造车新势力整体市场份额目前仍然较小。

新能源汽车新兴企业发展缓慢，目前还无法与传统企业抗衡，原因是多方面的：首先，大多数企业是通过与传统企业合作的方式获得生产资质，再通过大量采购核心零部件来完成生产的，只有极少数企业拥有自主核心技术，产品竞争力欠缺。其次，大多数新兴企业的主要资金来源是融资，逐利的资本市场会根据企业发展前景来决定投资意愿，大大增加了企业的经营风险。最后，新兴企业大多没有形成完备的销售体系，无法为消费者提供从售前到售后的一整套完善服务。传统企业可以较好克服的阻碍，需要新兴企业进一步提升自身的硬实力去克服。

四、影响新能源汽车发展的因素

汽车行业是市场化、工业化、规模化最充分的行业，既是国家国民经济的支柱产业，又与广大民众的生活息息相关。新能源汽车是在传统汽车的基础上，增加了革命性的电驱动系统，增加了充电加氢基础设施，实现了与 IT 技术更紧密的结合，既延续了汽车的强市场竞争性，又具有全新的更加复杂的全产业链链条。因此，与"两弹一星""曼哈顿工程"等垂直体系、非市场性的重大工程不同，新能源汽车战略性新兴产业的培育工程，面向大众市场，涉及更多行业，具有全新的商业模式，实施难度更大。

综合研究国内外新能源汽车发展现状与面临的主要问题，新能源汽车战略性新兴产业的培育和发展，应考虑"用户需求""产品技术""应用环境""初期市场""产业培育"及"政府政策"六大关键影响要素；各要素之间互相牵制和影响，构成新能源汽车发展的总的要素系统；每一个要素又包含一系列下级要素，构成子系统。

在新能源汽车发展的六要素中，满足"用户需求"（广义）和"产业培育"是整个要素系统中两个最根本的目标因素，而"产业培育"成功与否依赖于能否形成"初期市场"（包括初级产品市场和初级服务市场）。"初期市场"培育的决定要素是"用户需求"及配套商业模式，而满足"用户需求"的必要条件则是"应用环境"良好和"产品技术"具备实用性和比较优势。作为在产业培育初期各关键要素发挥作用的催化剂，各级"政府政策"既是新能源汽车"应用环境"营造、"用户需求"调动、"初期市场"建设的决定因素，又是"产品技术"发展和"产业培育"实现的主要推动力。

（一）用户需求

产品需求也可以理解为"产品包需求"，它不是单指一个孤立的产品，而是指一个解决方案，包括价格、渠道、包装、性能、易用性、保证、服务、社会接受程度、品牌等。以用户为中心进行产品设计，既需要考虑用户的直观需求、个体需求，又要把握用户针对这种需求的行为动机，从客户购买新能源汽车决定的全过程来考量。

由于受到环境、时间、消费群体、地域甚至政治等因素的影响，用户对产品功能的需求在不断发生变化。为了在产品开发中更合理地选定关键产品功能特征，需要对未来产品功能需求的变化进行有效预测并把握其演化趋势。

本书研究认为，发展新能源汽车，要充分考虑新能源汽车由于动力系统及车用能源的根本变革所带来的自身"满足用户需求的特性"的变革，发挥新能源汽车的优势。

新能源汽车用户需求的定义应该是广义的，既要以市场经济中交易双方之一方的直接用户（包括公共服务用户和私人用户）的需求为主要研究对象，强调经济性、产品适用性以及商业模式合理性，也不能忽视由于直接用户的社会性所带来的"政府事业需求"和与直接用户相关联的"媒体及大众需求"。

比较现阶段国内外新能源汽车产品技术及可靠性能否满足私人用户需要的情况，可以定性分析认为：欧美日新能源汽车产品由于其工业基础和技术综合能力较强，比中国产品对私人用户需求的影响力更强一些，但其仍处于起步期（搭载混合动力系统的量产车型除外）；中国新能源汽车产品（包括混合动力客车）经过十多年的研发和近些年的推广示范，在产品技术及可靠性方面，能够满足相关法规要求及用户基本需求，具备进一步扩大规模示范应用的技术基础；而在其他发展中国家及区域,由于仅个别企业或机构参与新能源汽车开发,配套技术与产品较弱,其现阶段产品技术及可靠性在满足私人用户需求方面较差。

作为新能源汽车产品的直接用户,公共集体用户最关注的仍然是产品的技术及可靠性。综合比较现阶段国内外公共用户新能源汽车的应用潜力、汽车企业新能源汽车产品满足本国本区域公共用户需要的能力,可以定性分析认为:到目前为止,欧美日汽车产业新能源汽车开发的主攻方向主要是针对私人用户的乘用车领域,仅有美国与日本的一些小企业开始关注电动物流车辆和用于分时租赁的微型电池车辆等;相比而言,中国从2009年实施"十城千辆"节能与新能源汽车示范推广工程,采取了率先在公共服务领域(公交、出租、环卫、邮政、电力等)示范推广新能源汽车的策略带动了车用电驱动系统的发展。因此,中国在公共用户新能源汽车开发的品种、产销量以及技术和成熟度方面均先行一步,具有一定的比较优势;而其他发展中国家及区域,在公共服务领域开发适用新能源汽车产品并对其公共用户需求产生拉动的力度更小。

社会是政治、经济、文化、环境、资源、产业、市场的有机集成体,直接用户需求的满足,是要建立在社会可持续发展的基础之上的,即要满足与社会可持续发展密切相关的"政府事业需求"。作为可持续交通系统,未来城市和广大农村的道路交通运输车辆,要努力实现"车用能源多元联供",摆脱车用能源对石油等化石能源的过度依赖;要避免燃油汽车的过度发展造成的对空气质量的严重危害,保障"环境安全排放控制";要根据现阶段各地方和行业人员及物流输送的实际,发展效率更高、成熟配套的交通模式以及适应性更强的新能源交通工具,实施"高效交通规划"。

作为全社会共同关注并为之努力的七大战略性新兴产业之一,新能源汽车的应用场所之广泛、与交通安全及能源环境关系之密切、涉及产业链之长、市场化社会化程度之高是有目共睹的。所以,发展中的新能源汽车,在产品投放、示范运行、推广应用、产业化发展、报废拆解等各个环节,有必要满足公众和媒体关注其发展并对其进行"多角度全过程观察评价"的需求。另外,在满足用户的直接用车需求的同时,还要充分考虑这些为个体服务的新能源车辆对道路、能源、环境资源的占用,兼顾"大众对可持续移动的共同需求"。

(二)产品技术

能够使自然规律在人工控制条件下发生"定向作用"的事物都应属于技术的范畴。产品生产过程是技术形态的转化过程,也是产品技术的形成过程。产品技蕴藏于产品结构之中，蕴藏于产品使用过程中。

本书认为，产品技术是新能源汽车发展的关键要素之一，不仅因为它与用户需求及产业发展之间具有必然联系，更重要的是因为到目前为止新能源汽车在世界范围内仍存在产品技术难题，包括系统集成技术、电池等关键零部件技术等，反映到用户层面就是产品的性能、成本、可靠性、安全性等。

按照本书对新能源汽车产品技术体系的定义，新能源汽车产品技术主要包括：①新能源车辆全产业链产品硬件与软件技术。②充电及加氢基础设施全产业链产品硬件与软件技术。③与智能交通结合的新能源汽车信息增值服务全产业链产品硬件、软件及数据库技术。以上三个领域的产品技术群，将根据应用环境条件进一步融合为新能源汽车全产业链产品技术。

在此基础上，我们可以深入分析当前在产品技术发展中，需要着重关注哪些要素。首先，要在三大产品技术内部和之间搞好"协同创新"，做好技术的原始集成创新，围绕共同目标实现技术融合与标准统一，这在国内外都是主要难题。其次，要在全产业链范围内，找出制约新能源汽车发展的整车及关键零部件制造要素，如汽车生产、电池系统制造等，通过有效的制造，完成技术向产品技术的转化过程。最后，我们要密切关注新能源汽车全产业链产品群集成为产品系统后的"适销对路"问题，使我们的设想、技术，在产品的使用过程中得到体现。

"协同创新"是指创新资源和要素有效汇聚，通过突破创新主体间的壁垒，充分释放"人才、资本、信息、技术"等创新要素活力而实现深度合作。在中国新能源汽车发展过程中，协同创新尤为重要。这既包括车辆、基础设施、车联网信息三大系统产品技术之间的协同创新，又包括每一系统内部各产品技术的系统创新，还包括零部件产品开发的上下游协作创新、产学研合作创新等。

在协同创新中，关键零部件系统与上游材料、信息、制造等工业基础相连，与下游整车系统相连，其设计、集成能力的提高，在新能源汽车发展中至关重要。在欧美日，大型汽车企业是新能源汽车车辆系统的开发主体。由整机厂协调关键零部件系统的设计、集成：电池等关键零部件合作伙伴，甚至上游基础材料、器件合作伙伴都被集中到整机厂，共同开发合作完成。中国新能源汽车整机厂在开发集成能力、组织方式以及开发效果上与欧美日企业还有差距；电机及驱动系统高性能产品，在工程化能力、可靠性、系统配套性以及产业化程度上落后于国外先进产品；电池产品特别是成组产品系统（电池包），在工程化能力、成组技术、能量管理与热管理等技术与经验方面落后于国外，导致产品寿命、可靠性、充放电能力等的落后。综合比较欧、美、日、中四方的关键零部件系统设计与集成能力，中国处于劣势。

欧美日的汽车企业，在其节能与新能源汽车产品开发和技术协同创新中，具有企业内生的几千人的开发力量、成熟的开发流程、完整的创新体系。与其相比，中国汽车的主流企业大多是合资为主的企业，自主创新和自主品牌的开发尚处于起步期，即便在"十五""十一五"国家 863 计划组织下已初步建立了整车与零部件单位、企业与大学研究机构之间的合作开发机制，但目前仍存在资源集成不足、产业化协作机制没有形成等问题。

另外，由于工业基础较强和多年市场竞争机制的磨炼，欧美日各国新能源汽车相关企业在关键器件、材料等基础产品领域占据优势地位。中国新能源汽车电机及驱动系统 IGBT 功率模块、传感器、高性能绝缘材料等部分部件、材料依赖进口，车用动力电池隔膜、高活性炭、电解质等方面部分依赖进口，并在相关专利方面处于劣势，整车控制器基础硬件、芯片、高速 CAN 网关和信号处理放大部件等方面还部分依赖进口。受此制约，中国在掌握全产业链产品技术创新主动性、进一步降低成本发展产业化方面还面临一些问题。

当然，在欧美日范围内，这些基础产品也不是每个国家都能批量生产，也需要通过国际合作、国际采购和企业联盟等方式解决批量采购问题。对于新能源汽车发展必需的关键器件、材料，中国要通过建立自主创新的应用体系和产品体系，利用自身的市场优势，与国外有关厂商建立新型的对等互利的开发、采购、合资合作等联盟关系，打破发达国家在高科技产品方面对中国的出口限制。

中国新能源汽车战略性新兴产业培育刚刚起步，就产品技术而言，不仅存在新能源汽车三大体系（车辆、充电加氢基础设施、车联网信息系统）产品技术协同创新的短板，而且存在整机零部件体系内产品技术协同创新的短板，还存在着与上游材料、信息、先进制造等相关产业协同创新的短板。与新能源汽车相关的前沿技术和工业基础的确是目前影响中国新能源汽车发展的关键影响要素之一，但是这并不能说中国在相关材料领域、先进制造领域以及动力储能电池前沿研究等方面就没有任何胜算。相反，在新材料、信息、自动化领域，中国的大学、研究机构和企业具有相当活跃的原始创新，国家也正在建设具备国际竞争力的制造业，并已有众多产品技术创新成功的实例。目前问题的关键是如何把这些资源有效地集成到新能源汽车三大体系产品技术的协同创新上来。所以，研究新能源汽车发展战略，要变压力为动力，变基础为优势，从系统设计集成、行业合作、技术融合、协同创新的角度出发，统一考虑建设新能源汽车战略性新兴产业的"工业基础"。

在中国，作为战略性新兴产业，新能源汽车正在孕育着一场超出汽车行业本身的产品技术革命。新能源汽车是新设计、新结构、新材料、新技术、新功能、新应用的良好载体，新能源汽车的示范推广及产业化是自主原创技术实现集成、实现发展、走向成熟的优质试验田。结合中国新能源汽车更多细分应用市场的个性化需求，不仅上述新的产品技术可以得到应用和发展，而且前面提到的新材料技术、信息技术、先进制造技术也将得到集成应用的载体。如果组织得当，中国在这方面将具有更大的发展潜力。

（三）应用环境

在新能源汽车中，除混合动力汽车属于节能汽车技术范畴外，作为新能源汽车的纯电动车、燃料电池车及近年衍生发展出来的增程式新能源汽车或插电式混合动力车辆，在应用环境方面与传统汽车有着很大不同，况且这种应用环境上的差别，会在能源供给、信息互动、商业模式以及产业培育等方面给新能源汽车带来完全不同于传统汽车的新的挑战与机遇。

在本书研究定义的新能源汽车六大关键要素中，"应用环境"的要素研究主要定位在新能源汽车的物理或技术衔接环境上：一是与传统汽车完全不同的充/换电、加氢等"能源供给基础设施"（技术与产品）应用环境。二是虽与传统汽车通用，但比其更具搭载优势的"信息服务与车联网"（技术与产品）应用环境。三是作为传统汽车的补充与替代，新能源汽车服务并带动其发展的"交通布局与系统高效"（交通路网与系统协调）应用环境。四是呼唤新能源汽车能比传统汽车有更好表现，近年来不断增大并变化着的"大众出行需求多元化、绿色化"（适应简约出行，更多商业模式选择，满足个性化功能与驾驶需求）应用环境。

第三章　新能源汽车产业发展的挑战与机遇

第一节　新能源汽车产业存在的问题

近年来，新能源汽车产业在全球范围内蓬勃发展，高速增长，无论是技术水平还是产值规模都屡创新高；但同时，新能源汽车产业目前还存在一些前所未有的新问题。

一、提升缓慢的整体技术水平

新能源汽车产业近年来发展规模迅速壮大，销量和普及率逐年提升，但前期的快速发展得益于各国政府对新能源汽车企业和消费者的补贴，新能源汽车相关技术提升有限。随着全球范围内的新能源汽车补贴的逐步退坡，相关企业无法得到更多的资金支持，技术提升缓慢，主要集中体现在核心零部件和配套设施方面。

（一）动力电池

动力电池是新能源汽车的最核心零部件，其技术发展趋势和方向往往决定新能源汽车技术整体发展的趋势和方向。早期的纯电动汽车普遍采用的是铅酸电池。铅酸电池能量密度低、体积大，会出现电池容量低、整车辆重的情况，导致续航里程短。通用 EV1 诞生之初使用的便是铅酸电池，能量密度仅为 30.9 Wh/kg，续航里程仅为 96 km，与当时的燃油车续航里程相去甚远。换装能量密度更高的镍氢电池之后续航里程大幅提高到 230 km，但与燃油车的续航里程仍然差距明显；之后的丰田普锐斯开始大规模使用镍氢电池。1991

年，锂离子电池首次投入市场，之后被广泛用于各类电子产品，成为不可或缺的电子器件，彻底改变了人们的生活。锂离子电池具有能量密度高、使用寿命长、续航衰减低等特点，相比于铅酸电池和镍氢电池优势明显。1997 年，日产制造出世界上第一辆使用圆柱锂离子电池的电动车 Prairie Joy EV。2008 年特斯拉推出旗下首款采用锂离子电池的纯电动跑车 Roadster，之后与松下公司深度合作，为其全系车型提供锂电池。特斯拉成为全球首家大规模使用锂离子电池的新能源汽车企业。之后，其他企业纷纷采用锂离子电池，三元正极材料的三元锂电池开始逐渐被广泛使用。2018 年，三元锂电池已经占据全球动力电池 60% 左右的市场份额，而能量密度也同样逐年提升，从 2017 年的 110～130 Wh/kg 普遍提升到 160Wh/kg 以上的水准，与最早的铅酸电池相比能量密度增加近 4 倍。续航里程普遍达到 500 km 左右，产品竞争力大幅提高，销量快速增加。2019 年三元锂电池处于持续增长状态，仍然占据 65% 以上的市场份额，但大部分量产车的能量密度依然在 160～170 Wh/kg 徘徊，极少数车型的能量密度可以达到 180Wh/kg，提升速度明显放缓；续航里程普遍在 500 km 左右，极少数车型可以达到 600 km。2020 年，三元锂电池车型的续航里程还在稳步提升，能量密度最高超过 190 Wh/kg。2020 年 4 月上市的小鹏 P7 纯电动轿车 NEDC 续航里程达到 706 km，成为全球首款续航里程突破 700 km 的纯电动汽车。此时，三元锂电池成本上升，成本更低、安全性更高的磷酸铁锂电池开始逐步替代三元锂电池。众多新能源汽车企业纷纷推出磷酸铁锂电池版本的车型，其中比亚迪最为积极，率先推出以磷酸铁锂电池为主体研发的刀片电池。各大企业通过结构优化，提高了内部空间利用率，弥补了磷酸铁锂电池能量密度低的不足，使车辆续航里程尽量与三元锂电池车型保持一致但价格更低。以中国市场为例，2020 年磷酸铁锂电池装机量占比为 38.3%，同比增长 20.6%；而三元锂电池装机量占比下降到 61.1%。但由于磷酸铁锂的能量密度普遍在 140 Wh/kg 以上的水准，并且已有两年没有任何提升，再加上磷酸铁锂电池在低温条件下的续航里程衰减更严重，其在北方寒冷地区的劣势明显，推广更加缓慢。

除现有动力电池的能量密度提升缓慢之外，新一代动力电池的研发同样受阻。固态电池具有能量密度高、重量轻、体积小、安全性更高等优势，而高能量密度可以彻底解决新能源汽车续航里程短的问题，是动力电池未来发展的必然趋势。目前多家动力电池企业正在研发固态电池，部分企业已经研发出能量密度超过 300 Wh/kg 的原型产品，与现有的动力电池相比能量密度提升近一倍，但由于生产成本和技术难度高，现阶段还无法投入大规模量产。宁德时代曾表示固态电池至少要到 2025 年才能小规模商业化，目前处于过渡时期；而在这期间众多整车企业通过轻量化车身、降低风阻系数、优化电控系统等途径来提升续航里程，但提升效果十分有限。提升电池的能量密度依然是提高续航里程的最根本途径，动力电池的技术革新仍需时日。

（二）电控系统

电控系统是新能源汽车的控制中枢，可以控制能耗、分配动力、控制能量回收，为新能源汽车提供多种行驶模式。电控系统曾在相当长的时间内使用 IGBT 功率模块。2019 年之后，比亚迪、特斯拉、蔚来等新能源汽车厂商开始在其量产车型上搭载更为先进的碳化硅（SiC）功率模块，但占新能源汽车企业总数的比重较小。除功率模块之外，多挡变速箱也成了近年来提升纯电动汽车高速行驶状态下动力的有效方案。二挡变速箱显著提升了车辆的高速性能，保证了动力的持续输出，但同时售价偏高，普通消费者难以承受，受众群体小，效率十分有限，并且由于技术不成熟，初期使用体验不甚理想。保时捷 Taycan 纯电动跑车推出之后就因频繁出现的变速箱故障问题而饱受诟病。电控技术来近年发展同样缓慢。

（三）充电技术

充电技术是重要的新能源汽车技术，其成熟度往往会影响消费者对产品的购买偏好和使用体验，进而影响新能源汽车的销量走势，最终影响新能源汽车产业的整体发展。充电技术目前的发展趋势主要集中在高效率和智能化两方面。各大整车和电力装备企业都在积极研发更快的大功率直流充电。目前主流的公共直流充电功率可以达到 60～80 kW，绝大多数纯电动汽车可以在 2 h 左右的时间内充满电。近年来特斯拉、保时捷、蔚来、小鹏等厂商开始建立自有品牌的超级充电站，满足旗下车型的充电需求，充电功率普遍在 150 kW 以上，其中保时捷的 Fast Charge 超级充电站的充电功率最高达到 450 kW，可以在 20 分钟内充满电。但目前超级充电站基本仅供各大厂商自有车型使用，与其他品牌新能源汽车充电接口不兼容，且无论是公共直流充电桩还是厂商自有超级充电站，其充电时间仍然无法缩短到燃油车短至数分钟的加油时间。由于充电时间较长，智能化的实时网联系统显得尤为重要。目前主流车企的车机系统都可以智能显示充电状态，甚至实现预约充电、自动充电等功能；但仍有部分车型智能化程度低，无法实现这些功能，充电效率和智能化还需进一步提高。

（四）辅助技术

除核心的三电技术外，辅助技术一直以来是新能源汽车的重点发展领域，特别是自动驾驶技术。新能源汽车电子器件众多、内部结构简单，非常适合自动驾驶技术的应用。近年来，自动驾驶技术的重大革新都集中于新能源汽车产业，特斯拉、小鹏、蔚来等新兴企业率先投身自动驾驶技术的研发，走在业界前列；同时，上汽、广汽、吉利、比亚迪、宇通等传统汽车制造企业竞相开始研发自动驾驶技术；此外，英特尔、英伟达、百度、谷歌、华为等IT业巨头也纷纷跨界进入这一领域。自动驾驶技术绝大多数应用在新能源车型。目前4级自动驾驶汽车已经实现量产，但仅限于城市运营车辆；5级自动驾驶汽车将在不久的未来推出。自动驾驶的发展前景一片光明。

自动驾驶为人们带来智能、便捷、高效、新颖的驾乘体验，是汽车产业未来的发展方向；但因为涉及高速行驶中的准确性和安全性，技术复杂程度极高，需要配备足够数量的传感器和激光雷达，还要配合完善的软件系统。目前自动驾驶软、硬件技术皆不成熟，导致事故不断发生。2016年以来，全球范围内已经发生多起相关交通事故，甚至出现伤亡，其中号称拥有最强自动驾驶技术的特斯拉，仅2019年的自动驾驶事故就导致50多人死亡，同时造成了车辆和财产损失。鉴于自动驾驶技术的不成熟和巨大风险，新能源汽车主要产销国相继推出相关法律法规来规范自动驾驶的推广应用，自动驾驶技术的发展还有很长的路要走。

（五）安全技术

新能源汽车虽然在能源使用、内部构造、技术路线等方面与燃油车差别明显，但车身、底盘、内外饰等部分与燃油车无异，同样需要ABS（防抱死刹车系统）、ESP（车身电子稳定系统）、安全气囊等配置来保障驾乘者的安全。动力电池是纯电动汽车的核心组成部分，担负着动力输出和储存能量的重任，成本往往占整车的比例最高，重量和体积比发动机更大。动力电池内部电压一般可达200～400 V，以保证充足的动力和能量。保时捷于2018年推出的超级快充电站系统可实现最高800 V电压的输出。动力电池的高电压使其成为车辆的安全防护中心。目前纯电动汽车普遍采用高级别的密封标准，如中国工信部在2021年1月1日开始实施的《电动汽车用动力蓄电池安全要求》中明确动力电池的防护等级要满足IP67的防水防尘等级要求，以确保动力电池不受外界损害，达到长期安全稳定的效果。相关企业相继研发汽车安全技术：比亚迪推出的磷酸铁锂刀片电池，在针刺后依旧正常运行，安全性大幅度提升；博世将半导体整合到电气系统中，并与安全气囊传感器连接，确保了驾乘人员的安全；特斯拉建立了能够单独控制电芯的电控系统，确保单个电芯的损害不会波及动力电池组。

新能源汽车在动力电池密封防护方面的安全水平较高，但由于动力电池组要占用大量空间，与车身接触面积明显大于燃油车，加之电池内部电压较高，电路结构复杂，在出现温度过高或外部猛烈碰撞情况时动力电池内部的高电压会使温度快速升高，电池包内还含有锂、镍、钠、镁等易燃金属化合物，不仅会自身燃烧，还会产生可燃气体，如若发生燃烧，火势会迅速蔓延全车，甚至发生爆炸，驾乘者难以逃脱。此外，电池防护使灭火剂很难接触到火点，反而妨碍灭火，容易出现残余火苗，可引起复燃。近年来屡有电动汽车自燃事故的发生，使公众和媒体对电动汽车安全的质疑不断，降低了新能源汽车的口碑。

二、不容乐观的整体产销量和普及程度

新能源汽车产业近年来快速发展，产销量和普及率屡创新高。2015年全球新能源汽车销量达到54.94万辆，占当年全球汽车总销量的0.6%；2017年全球新能源汽车销量猛增到120.12万辆，占当年全球汽车总销量的1.2%，首次超过1%；2019年全球新能源汽车销量约221万辆，占当年全球汽车总销量的2.4%，首次突破2%。2020年全球汽车销量出现大幅度下滑，但新能源汽车销量逆势增长，达到324万辆，同比大涨46.6%，占新能源汽车总销量的4.2%，首次超过4%，销量和普及率双双再次创历史新高。截至2020年年底，全球新能源汽车保有量突破1 000万辆，新能源汽车销量增速远超燃油车。但同时也应看到新能源汽车产品本身竞争力有限、配套设施不完善等问题，再加上燃油车基数过于庞大，以及民众对燃油车的消费惯性，燃油车销量仍在持续增长，销量仍然占据汽车总销量的95%以上，展现出数量上的绝对优势，新能源汽车市场规模仍然远低于传统燃油车。此外，新能源汽车销量排名靠前的国家2019年之后开始出现销量下滑的现象，如近年的销量冠亚军——中国和美国，2019年新能源汽车销量首次双双出现不同程度的下滑。2020年美国新能源汽车销量再次下滑，首次被德国超越，排名跌至全球第三。中国和美国的新能源汽车销量渗透率仍然偏低，中国的新能源汽车销量渗透率为5.4%，而美国仅为2.2%。新能源汽车产业目前仍然依赖扶持政策，包括给予车辆购买权、购车补贴、车辆通行权等。这些

政策在发展初期的确对销量增长起到明显的推动作用，但同时加重了政府财政支出负担。随着各个国家新能源汽车补贴的相继退坡，预计新能源汽车销量在未来会出现增长放缓的趋势，各国实现提升渗透率和普及率的目标依然任重道远。

三、配套体系不完善

新能源汽车产业发展不仅包括产品本身的更新迭代，完善的配套体系也是其持续发展的重要保障。充换电设施是新能源汽车最主要的配套设施，承担着为新能源汽车进行电能补给的重任，但新能源汽车配套设施发展速度一直存在滞后于产品销量增长的问题，近年来这一现象愈发严重。截至 2020 年 6 月，全球公共充电桩数量达到 82.6 万台，同比增长超 60%，是过去 3 年的最大增幅，甚至高于新能源汽车的销量增幅；但由于前期增长速度过于缓慢，公共充电桩仍然远远无法满足新能源汽车车主的需求，车桩比已经超过 10∶1，主要国家的车桩比均处于较高数值。2019 年英国、法国、德国的车桩比均达到 7∶1 左右，而同年挪威的车桩比更是达到惊人的 20∶1。充电桩的极度短缺已经严重阻碍挪威新能源汽车的普及，2019 年挪威新能源汽车销量仅增长 9.4%，大大低于往年。充电设施不仅普及程度低，其中还包括相当比例的慢充电桩，其充电速度远低于快充充电桩，纯电动汽车充满电甚至需要数小时。"充电难、充电慢"的问题已严重影响新能源汽车的通行质量和驾乘体验。换电技术虽然效率更高，甚至媲美加油效率，但目前仅有寥寥数家企业从事此项业务的研发和运营，普及程度远低于充电设施。配套体系的滞后发展已成为当今新能源汽车产业发展的最大障碍，这一问题需要新能源汽车企业和电力装备制造企业共同积极应对。

四、产业发展极不平衡

新能源汽车产业蓬勃发展已超过 10 年，产业整体快速发展。但产业内部仍然存在发展不平衡的现象，主要体现在以下两方面。

（一）区域发展极不平衡

全球经济一直存在区域发展不平衡的问题。截至 2020 年年底，全世界目前共有 197 个国家，发达国家与发展中国家、南半球与北半球、内陆国家与海洋国家之间发展不平衡的问题至今都无法有效解决。这一现象同样反映在了新能源汽车领域。2019 年新能源汽车销量前十的国家中，中国位居销量冠军并遥遥领先，但也是仅有的发展中国家，其他国家均为发达国家。前十国家的销量之和占新能源汽车总销量的90%以上，其余国家的新能源汽车销量之和的占比不到10%；相当部分国家基本不销售新能源汽车，虽然其中不乏高人均收入国家，但更多的是经济发展水平和人均收入不高的发展中国家，它们的汽车销量和普及率本身就较低，新能源汽车销量更无从谈起。

南北半球在新能源汽车产业发展水平上的差距同样巨大：北半球一直是全球经济发展的绝对主力，主体位于北半球的亚洲、欧洲和北美洲的GDP之和占全球GDP总量的90%以上，南半球GDP总量不到10%，南半球GDP最高的巴西仅排名全球第九；新能源汽车产业发展格局同样如此，南半球汽车产业整体发展水平远远落后于北半球，其汽车产销量仅占全球汽车产销量的5%左右；全球主要汽车企业全部位于北半球；巴西、南非、阿根廷等南半球主要汽车产销国的新能源汽车产业发展处于刚起步阶段，在全球新能源汽车产销量占比极低。南半球新能源汽车产业发展道路艰难而漫长。海洋国家由于临海，可以通过这一得天独厚的地理条件实行对外开放，以此快速发展国际贸易，在经贸往来中互相学习先进经验，在现代经济体系中占有优势。

目前全球主要经济大国和主要发达国家大多数为海洋国家，新能源汽车同样如此。2020年新能源汽车销量前十全部为海洋国家，新能源汽车销量最高的内陆国家为瑞士，仅排在第14位。新能源汽车产销国内部的发展同样极不平衡，目前新能源汽车已经在全球超过40个国家推广普及，但国家之间的市场规模差异巨大。新能源汽车发展早期，美国是新能源汽车产业的领头羊，2012—2014年蝉联3年全球新能源汽车销量冠军，并且占比一直在1/3以上。2015年，中国新能源汽车销量首次超过美国，成为全球新能源汽车销量新冠军，并一直保持至今；中国在全球新能源汽车总销量的占比同样较高，2015—2018年连续4年的比重高达60%以上，即使是销量负增长的2019年的比重仍然在50%以上。2020年，随着欧洲新能源汽车销量的爆发式增长，中国新能源汽车销量的比重明显下降，但依然在40%以上。此外，新能源汽车核心零部件领域同样存在区域不平衡的问题，特别是东亚的中国、日本和韩国，动力电池装机量常年占据全球动力电池装机量的95%以上，几乎垄断这一领域，其他地区根本无法与之竞争。新能源汽车产业区域极度失衡的现状仍将长期持续。

（二）产业链发展极不平衡

现代产业发展是上下游产业链紧密联系、通力合作的结果，只有产业链的良性发展才能带动产业整体健康持续发展，新能源汽车产业同样不例外。由于新能源汽车内部结构与燃油车区别明显,上下游产业链与燃油车相比差异巨大,与燃油车完善的产业链体系相比有诸多不足之处,其中最主要的问题是产业链的不平衡,主要表现在两个方面。

1. 产业链割裂现象突出

新能源汽车产业链割裂现象一直存在,特别是近年来上游原材料资源供应和中游核心零部件制造水平的割裂问题有愈发严重的趋势。目前全球动力电池以三元锂电池和磷酸铁锂电池为主,这两种类型的动力电池装机量占到动力电池总装机量的99%以上,而主要原材料过度集中在少数国家,如动力电池中必不可少的锂在地壳中的含量仅约为0.0065%,十分稀缺,然而智利一国的锂矿储量就占全球锂储量的50%以上,而摩洛哥的磷矿石储量在全球磷矿储量的比重更是高达70%以上。但上述国家的新能源汽车产业较为落后,无法通过本土相关企业消化,原材料主要用于出口,而中国、美国、德国等新能源汽车主要产销国需要大量进口此类原材料,使出口国有较高的议价权。同时,国际政治经济局势的变化会导致价格波动。2019年之后,三元锂电池装机量出现下降,部分原因是锂的国际价格上涨导致动力电池成本上升,迫使部分企业换装成本更低的磷酸铁锂电池。此外,原材料工业国内部局势变化同样会导致供需关系发生变化。如三元锂电池的三元正极材料中不可或缺的钴在地壳中的含量仅为0.001%,是极其稀少的金属资源。由图3-1可知其产量最高的国家是非洲的刚果(布)。2019年刚果(布)钴产量占全球钴产量的比重高达71.43%,远超其他国家总和,完全垄断这一原材料的供应,但由于刚果(布)政治局势动荡,内战频发,难以控制其产量和价格,已经严重影响到钴的出口,进而影响到全球三元锂电池的供应。目前已有企业开始应对和解决这一棘手问题,长城汽车旗下的蜂巢能源于2020年5月正式推出NMX无钴电池,成为全球首家成功研发出无钴电池的企业,并将在未来陆续搭载无钴电池于旗下纯电动车型。

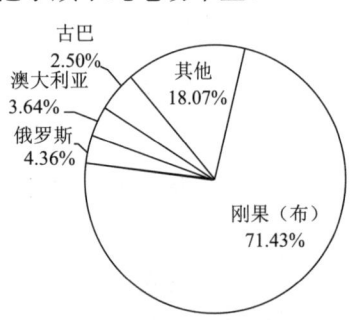

图 3-1 2019 年全球钴产量分布

2. 产业链整合程度不高

产业链割裂现象最有效的解决方法是企业整合自身的产业链,形成全产业链的生产体系。但目前全世界尚没有任何一家新能源汽车企业实现这一方式,不过有企业已经实现两个环节的产业链整合,其中比亚迪是目前新能源汽车产业链整合程度最高、效果最明显的企业。比亚迪最初的主营业务是民用电池,之后转型进入汽车制造领域,但电池领域依然在持续发展。进入新能源汽车领域之后,比亚迪利用民用电池积累的技术优势迅速转而研发和生产动力电池;由于其整车和动力电池都是自主生产的,匹配度极高,产品竞争力强,市场反响好,之后新能源汽车销量快速攀升,使比亚迪连续数年成为新能源汽车销量冠军。比亚迪还是首家建立二手动力电池回收体系的企业,动力电池二次销售为其带来持续的收入增长。比亚迪目前生产的动力电池已经开始供应其他新能源汽车整车企业。其他企业通常是整车企业和动力电池企业建立合作关系进行整车和动力电池的搭配,但这一过程会受到产品匹配度、企业合作关系等因素的制约,进而影响产品品质。

第二节 新能源汽车产业面临的挑战

新能源汽车目前还存在一些尚未解决的问题。近年来国际地缘政治、经济发展、卫生医疗等外部环境发生重大变化,也对新兴产业的影响巨大。新能源汽车作为新兴产业中的佼佼者,面临的挑战甚至会改变其未来的发展走势。

一、全球能源工业发展前景不明朗

汽车自诞生之日起就与能源工业密不可分,汽车工业的发展趋势与能源工业的发展走向息息相关。19世纪末第二次工业革命带动电力工业蓬勃发展。早期的汽车多采用电力驱动,相对于其他能源,电力费用相对低廉,电动汽车风靡一时,占据主流。20世纪初石油工业方兴未艾,20世纪30年代末石油国际贸易开始在全球能源贸易中占据显要位置,同时内燃机技术突飞猛进。1945—1973年是世界石油行业急速增长的第二个"黄金时期",此时燃油车已经占据绝对主流,之后发展开始出现波动。1973—1990年发生了3次全球范围内的石油危机,影响到全球整体经济发展,甚至导致局部战争的发生;与此同时,全球电力工业发展迅速,特别是第二次工业革命进一步促进和扩展了电力能源在高新技术方面的应用，电力工业进入新的发展时期，逆变、高压输电、无线充电、新能源发电等新技术层出不穷。电力能源是二次能源，可以通过多种自然资源加工而成，全球发电量逐年提升，屡创新高。21世纪初，全球大部分国家和地区已经全部实现通电。2010年之后，新能源汽车快速发展，其中的重要原因是发电量的逐年增长和电力设施的逐步完善。新能源汽车数量的爆发式增长同时也在增加电力消费的需求，电力工业和新能源汽车产业互相促进各自发展，这一良性循环促使发电量持续增长。2019年全球发电量达27 004.7 TW·h，创历史新高，电力工业迎来史上最佳的发展阶段。全球电力工业蓬勃发展的同时仍然存在隐患：发电量增速明显放缓，同比增长率仅为1.3%，远低于同年新能源汽车销量的增长率；电力行业内部发展极不平衡。2019年全球电力消费为25 800 TW·h，同比增长1.4%，是自2009年用电量负增长以来的最低增速。与此同时，用电量低于发电量，产能略微过剩。发达国家与欠发达国家在电力工业发展水平方面的差距巨大；电力结构仍然不合理，非再生燃料发电仍然占据主导地位，占总发电量的73.1%，其中以燃煤发电为主，其次是燃气发电，再生能源仅占总发电量的26.9%，占比仍然偏低，全球电力工业仍然存在高污染、高能耗的问题。

在全球电力工业发展出现起伏的同时，其他能源工业同样经历震荡。石油是现代社会最重要的自然资源之一，其本体及衍生品被广泛运用于汽车、机械、航空、建材等领域，被称为工业发展的"血液"，石油工业甚至能左右国家的经济发展走向。由于石油是不可再生资源，只能通过开采来获取，所以产量会出现波动。2019年全球石油产量达44.85亿吨，同比下降0.3%，而同期全球已探明石油储量为17 339亿桶，约合2400亿吨，按目前全球产量计算，足够开采超过50年。石油虽然为不可再生资源，但短期内不存在短缺问题，发展态势良好。天然气广泛应用于工业生产、交通运输、居民生活等领域，是重要的战略能源。2019年全球天然气产量为3.99万亿立方米，探明剩余可开采储量为198.8万亿立方米，足够开采近50年，同样没有短缺隐患。电力、石油和天然气短期内皆不存在短缺问题，这3种能源目前都可以用作驱动汽车的燃料。电力单价最低，但由于配套设施建设不完善，补能的便捷性同样较低；汽柴油价格最高，但因为配套设施完善，补能的便捷性最高；天然气的价格和补能便捷性介于电力和汽柴油之间。目前三大能源工业在汽车领域各有优劣势。汽车产业是能源消耗大户，三大能源工业未来在此领域的竞争会日趋激烈，发展前景不可预料。

二、相关产业间的利益争夺

在新能源汽车产业的发展早期,由于传统燃油车企业在新能源汽车领域的研发实力弱、技术水平低,并且燃油车占汽车总量的比例极高,所以传统燃油车企业并没有对这一新兴领域进行大规模的研发投入。新能源汽车产业发展主要是以比亚迪、特斯拉等在新能源整车和零部件方面已经形成规模优势的企业进行推动。近年来新能源汽车销量快速增长,增速远超燃油车,销量、保有量和渗透率连创新高。除政策激励外,新能源汽车本身具备的诸多优点也吸引着越来越多的消费者购买。传统燃油车企业见此趋势也纷纷加大在新能源汽车领域的研发投入。目前全球绝大多数汽车企业涉足新能源汽车领域,新能源汽车终将取代燃油车已成为全球汽车产业参与者的共识。

汽车产业不仅需要依靠自身发展,还离不开相关产业的发展。能源工业是目前与汽车产业联系最为紧密的产业,主要包括石油工业和电力工业,特别是石油工业。自1859年全球第一口油井开钻以来,石油工业已有超过160年的发展历史,发展时间甚至长于汽车工业。汽车产业目前是消耗石油的第一大产业,占全球石油消耗量的近1/3。汽车产业和石油工业的发展相辅相成、共同促进,两大行业至今仍是全球工业领域的重要组成部分。2018年世界500强企业中汽车整车及零部件企业入围34家,石油企业入围31家,两者总和达65家,占入围企业总数的13%。排名前十位的企业有中国石油化工、中国石油天然气、荷兰皇家壳牌石油、英国石油和埃克森美孚等5家石油公司,大众汽车和丰田汽车也同样成功上榜。前十中,石油企业和汽车企业共占据7席。石油工业展现出在营收和利润方面的巨大优势,预计在未来仍然会继续保持这一优势。

石油工业的领先局面近年来开始发生变化。新能源汽车产业的快速发展使与之相关度较高的产业得到同步发展,比如为新能源汽车提供主要能源的电力工业、为新能源汽车提供智能网联功能的互联网产业,相关营业收入显著提升。中国最大的电力企业——国家电网,近年来发展迅速,2016年营运收入达到3 394.26亿美元,由国内第3上升到第1;同年的世界500强排名由2015年的全球第71举跃升至全球第2,仅次于美国沃尔玛,这一排名一直保持到2018年。国家电网已连续3年成为中国最大、全球第二大企业,其中影响因果之一是新能源汽车保有量的快速增长促进其发电量和相关电力装备方面的持续增长,再加上国家电网的特高压输电技术与纯电动汽车充电需求的高度契合,已经建立完成的纯电动汽车高压充电网络，是其新的业务高增长点。此外，互联网企业亚马逊近年来开始涉足新能源汽车领域。2014年亚马逊营业收入仅为744.52亿美元，排名世界500强企业第112位，之后的营业收入和排名开始连年增长；2020年其营业收入已经增长到2 805.22亿美元，排名更是一路飙升，首次进入全球前十，排名第9，成为全球最大的互联网企业。与此同时，石油公司的上榜数量由2018年的31家减少到2020年的24家。2021年世界500强中石油企业仅有两家进入前十，衰退态势明显；同年国家电网和亚马逊以3 866.18亿美元和3 860.64亿美元的营业收入分别排名第二、第三位，未来发展前景一片光明。

电力工业和互联网产业对石油工业的冲击显而易见，于是全球石油工业开始采取应对措施以保持领先地位。全球产油大国对石油供求关系的控制程度开始进一步加强，从而影响到消费市场。自2019年下半年起，国际原油价格开始剧烈震荡，持续下行。2020年石油价格同比下跌20.5%，多国油价大幅降低，主要产油国原本较低的油价由于油价暴跌而更加低廉，委内瑞拉油价甚至低于0.01美元/升，几乎等同于免费，而沙特阿拉伯、伊朗、科威特、土库曼斯坦等国的油价均低于0.5美元/升。这些国家无论是新能源汽车制造业还是新能源汽车销量基本上是空白，并且在未来长期内还将保持这一态势。由于石油价格波动较大，全球主要大型石油公司开始利用资金和渠道优势积极转型进入新能源汽车领域，共同争夺新能源汽车产业这一新兴市场。中国石油和中国石化早在数年前就开始布局电动汽车的充电站建设，并已在太原、北京等城市的加油站内建设自有充电站。2021年4月，中国石化和蔚来合作的首座智能换电站在北京落成，标志着中国石化正式进入换电站的布局。埃克森美孚、壳牌石油等公司纷纷推出新能源汽车的相关润滑油产品。

三、贸易保护主义

在新能源汽车发展的初期，出于对萌芽阶段的新兴产业的保护目的，各国政府部门除给予相关扶持政策之外，还采取限制外来同行业竞品的手段来促进本土产业发展。新能源汽车产业主要产销国都实施过相关措施，如美国对进口新能源汽车加征关税、德国取消进口新能源汽车的补贴等。日本由于对插电式电动汽车的认定标准与其他国家不尽相同，甚至出现过进口新能源汽车无法在本国登记注册的问题。随着新能源汽车技术水平和产品质量的逐步提高，各主要产销国开始逐步放宽对外资新能源汽车品牌的限制，美国、中国、德国都相继允许外资企业进入本国设立工厂，比亚迪、特斯拉、大众等厂商先后在海外设立多家新能源汽车工厂。2020年，国际市场需求大幅下降，国际贸易受到巨大冲击，全球主要经济体的货物进出口总额均出现不同程度的增速放缓甚至是下降。受此影响，贸易保护主义重新抬头，部分国家和地区开始出现限制外资新能源汽车企业的现象。以新能源汽车为主要出口产品的比亚迪，2020年汽车出口量出现大幅度下滑，部分订单产品无法按时交付，1—11月的汽车出口量同比暴跌63.3%，进而影响到其全年总销量。德国除保持现有的新能源汽车进口政策之外，对外资新能源汽车在本国的工厂项目开始加以限制，特斯拉在德国的工厂由于当地政府的干预均出现了推进受阻的问题。随着新能源汽车主要产销国新贸易措施的持续实施，全球范围内新能源汽车的贸易保护主义仍将继续。

第三节　新能源汽车产业面临的机遇

新能源汽车产业目前虽然存在一些问题，面临一些挑战，但同时也面临着前所未有的发展机遇。

一、全球范围内的节能环保理念逐渐深入

人类文明早期阶段的经济发展以农牧业和手工业为主，生产力水平低下。战争以冷兵器（不利用火药、炸药等热能系统的作战装备）为主要武器，无论是生产还是战争对自然环境的破坏程度都较小。人口减少的主要原因包括战争、瘟疫、自然灾害等。第一次工业革命之后人类社会正式开始工业化，蒸汽机的出现使生产力水平大幅度提高，以其为动力的轮船随之被发明出来，海洋航行更加高效；各国贸易量迅速增长，全球进入经济高速发展期。但由于早期发展经验、预防措施不足，随之而来的是前所未有的环境污染问题，一直随着工业化的发展而同步恶化。19世纪下半叶的第二次工业革命使人类社会开始使用内燃机和电气设备，生产力水平大幅度提高，人类的生活质量出现质的飞跃，而火器在军队的快速普及使战争由冷兵器时代迅速进入热兵器时代。20世纪初坦克和飞机的发明使战争进入海陆空立体作战时代，武器的打击范围更广、杀伤力更大。20世纪上半叶发生的两次世界大战都大规模使用了枪械、火炮、坦克、装甲车等机械化兵器，最后阶段甚至使用原子弹这一打击范围极广、杀伤力巨大的核武器，造成严重核辐射。两次世界大战给人类造成前所未有的深重灾难，对生态环境也造

成极大的破坏。"二战"后，各国深刻认识到战争的巨大危害，纷纷开始走和平发展的道路。之后的第三次工业革命使科技开始飞跃式发展，全球经济迅速恢复并快速发展，但能源、冶金、机械等重工业又重新对生态环境造成较大污染和破坏，全球各地先后发生多起重大环境污染事件。日本自 1956 年开始陆续发生水俣病、米糠油事件、骨痛病等一系列污染事件，受害者上万人，数百人死亡。2011 年 3 月 11 日发生的日本大地震造成福岛第一核电站的核泄漏，导致周边土地和海洋严重污染。1984 年苏联切尔诺贝利核电站发生爆炸，导致大量放射性物质泄漏。上述事件对水和土壤造成严重污染和破坏，危害至今都无法消除。

  大气污染是环境污染的重要组成部分，因为空气扩散速度快、易于传播，危害巨大。扬尘、工业生产和尾气排放是造成大气污染的三大主要原因。空气污染物包括二氧化硫（SO_2）、二氧化氮（NO_2）、一氧化碳（CO）、可吸入颗粒物（PM10）、细颗粒物（PM2.5）、臭氧（O_3）等。历史上曾发生过数起严重的大气污染事件：20 世纪 50 年代之前比利时和美国发生过 3 起烟雾事件，发病者上万人，数百人死亡；1952 年 12 月 5—8 日，英国伦敦被浓厚的有害烟雾笼罩，能见度极低，直到 9 日才逐渐散去，直接导致多达 4 000 人死亡，之后 2 个月内有 8 000 多人相继死亡，史称"伦敦烟雾事件"；1961 年日本四日市连续 3 天烟雾不散，导致哮喘病大流行，原因是自 1955 年以来该市石油冶炼和工业燃油产生的废气严重污染城市空气，重金属微粒与二氧化硫形成硫酸烟雾，造成超过 800 人染病、数十人死亡；1984 年 12 月 3 日美国联合碳化物属下的联合碳化物（印度）有限公司设于印度中央邦首府博帕尔市贫民区附近的一所农药厂发生氰化物泄漏，造成人间惨剧。帕博尔毒气泄漏案是有史以来最严重的工业化学事故和大气污染事件，造成惨重损失，影响巨大。除大气直接被污染之外，二氧化碳等温室气体排放量激增导致全球气温的不断上升。氟氯碳化物、哈龙等人造化学物质被大量使用，造成南北两极上空的臭氧明显减少，出现臭氧空洞，臭氧层无法有效阻挡太阳光中的紫外线照射，从而对整个生物圈造成巨大伤害。

  大气环境问题已经严重影响人类的身体健康和社会发展，成为全球要共同面对和急需解决的环境问题之一。联合国大会于 1992 年 5 月 9 日通过《联合国气候变化框架公约》（简称框架公约），1994 年 3 月 21 日生效，是全人类第一个以条约形式要求承担保护地球气候系统义务的执行性文件，也是国际社会在应对全球气候变化问题上进行国际合作的基本框架。之后联合国从 1995 年开始每年在全球不同国家和地区举行联合国气候变化大会，世界各国政府相关负责人和专家学者齐聚一堂，旨在共同商讨减少温室气体排放应对方案。首次缔约方大会在德国柏林召开。1997年12月在日本京都召开的第3次缔约方大会制定并通过《京都议定书》，其中明确规定了全球温室气体的减排时间表、减排目标以及各成员国碳排放权的分配方案。《京都议定书》是框架公约下首个减排协定，是人类历史上首次以法规的形式限制温室气体排放。2005年《京都议定书》正式生效。同年12月，在丹麦哥本哈根举行的第15次缔约方大会上，来自192个国家的谈判代表在哥本哈根共同商讨《京都议定书》一期承诺到期后的后续方案，大会制定《哥本哈根协议》。2015年12月，在法国巴黎召开的第21次缔约方大会正式通过《巴黎协定》，协定的长期目标是将全球平均气温较前工业化时期上升幅度控制在2℃以内，并努力将温度上升幅度限制在1.5℃以内。《巴黎协定》是继《京都议定书》之后在框架公约下达成的第二份全球减排协定，于2016年11月4日正式生效。

早期的联合国气候变化大会主要聚焦在减少工业生产的温室气体排放上，但近年来居民生活的温室气体排名呈快速上升态势，在温室气体总排放量中的占比越来越高，燃油车尾气中的二氧化碳排放量已经占到总排放量的15%左右，是温室气体的主要来源之一，此外汽车尾气含有固体悬浮颗粒、一氧化碳、碳氢化合物、氮氧化物、硫氧化物等有害成分，还会造成大气污染。为此联合国开始重视汽车尾气排放对大气环境的危害。2015年的第21次缔约方会议上比亚迪首次提出城市电动交通项目，旨在通过推广零排放的电动汽车的方式解决城市的大气污染问题。2016年在摩洛哥马拉喀什举行的第22次缔约方会议上，中国、美国、日本、法国等8个国家共同签署《政府公车宣言》，承诺增加其政府用车中电动汽车的比例，并号召其他国家采取同样措施。得益于近年来新能源汽车保有量的快速增长，大气环境得到明显改善。2020年全球温室气体排放量同比减少约24亿吨，同比下降约7%，新能源汽车的大量使用在其中起到了重要作用。

新能源汽车的使用不仅可以显著降低汽车尾气对大气环境的危害，还可以大幅度减少对传统能源的使用。电动汽车使用电能为驱动能源，完全不消耗任何化石能源。燃油车使用的汽柴油原料的石油是不可再生资源，而石油由于其极高的实用价值，早已成为重要的战略资源。全球目前已探明的石油储量大约50年后将会消耗殆尽，同时由于国际石油供求关系的极不平衡，各国汽柴油价格差距巨大，最高甚至超过2美元/升，用车成本较高，已经影响到居民日常生活质量。而电力资源是可再生资源，由于发电成本较低，相同里程的耗电成本远低于耗油成本，普遍仅为1/10左右，发电大国如中国为优化电力资源配置、提高发电低谷时段的利用率，开始采用日间和夜间区别收费的峰谷电收费模式，夜间谷电时段价格更低，新能源汽车一般在夜间充电，使用成本进一步降低，相比燃油车的成本优势更加明显。新能源汽车的节能环保理念目前已经得到全球范围内的广泛接受。

二、高度成熟且基本停滞不前的燃油车技术

汽车诞生至今已有近140年，燃油车在其中近100年时间里一直是发展主力。即使在新能源汽车快速发展的今天，燃油车在销量和保有量方面依然占有压倒性优势，燃油车技术一直引领着汽车整体的技术发展。发动机将燃料在机器内部燃烧放出的热能直接转换为动力，主要担负驱动车辆行驶的重任，其成本占汽车总成本的1/3左右，是燃油车的核心零部件。早期的发动机使用化油器点火，结构简单、效率低下。1897年曼恩公司制造出世界上第一台高压缩型自动点火柴油发动机，大幅度提高发动机的性能和效率，发动机实现重大突破。1936年戴姆勒－奔驰公司制造出世界上第一辆搭载柴油发动机的汽车。20世纪50年代之后柴油发动机开始广泛使用。1955年奔驰推出全球首款缸内直喷量产车300SL，与当时普遍采用化油器的同排量汽车相比动力水平高出近1倍，再一次大幅度提高发动机的性能和效率。1957年德国人汪克尔（Wankel）发明转子发动机，取消了无用的直线运动，零件数比传统往复活塞式发动机少40%，具有质量轻、体积小、转速高、功率大等显著优点。1967年日本东洋公司（马自达公司前身）取得转子发动机生产权利，之后的马自达持续进行技术改进和研究，成为世界上唯一研发和生产转子发动机的汽车公司。同一年，保时捷成功研制出D型电子喷射装置，随后被用在大众等德系轿车上。之后萨博公司将航空涡轮增压技术运用到汽车领域，于1977年推出全球首款涡轮增压量产车Saab 99，进一步提升汽车的性能和效率。20世纪90年代之后，发动机技术迭代速度加快，可变气门正时、可变压缩比等新技术层出不穷，电子喷射、涡轮增压等技术开始广泛应用，同时化油器等老技术在21世纪初彻底退出历史舞台。发动机技术日渐成熟，发动机种类数以百计，可以完全满足不同层次消费者的需求，同时变速箱、底盘技术随之同步发展完善。2010年之后燃油车技术已经高度成熟，燃油车依然牢牢占据汽车产业的绝对主力地位。

技术成熟是汽车产业蓬勃发展的优异表现，但这同时意味着提升空间缩小，开始遇到发展瓶颈，某些技术难题一直无法解决。由图3-2可知，转速与扭矩的关系。由于发动机先天物理特性，燃油汽车起步扭矩效率低、无法线性加速等

问题始终存在,而其自身不能控制扭矩和转速,所以必须要配备变速箱来利用多个挡位的不同传动比来实现车辆扭矩和转速的改变。但搭载变速箱之后传动系统零部件增加,结构更加复杂,不可避免地会降低传动效率,使目前发动机热效率普遍低于40%。即使是目前全球最高效的马自达转子发动机,其热效率仍然低于50%。变速箱的加入还同时增加了整车重量和顿挫感,影响性能和驾驶体验。这些问题至今没有有效的解决方法。2015年之后,燃油车发展开始进入缓慢时期,而此时新能源汽车以其先天特性有效地解决了这些问题。驱动电机只有单级减速器,是固定传动比,不存在多挡位,在起步阶段就能迸发出最大扭矩,并且可以持续线性加速;同时由于是单一挡位,不需要变速箱,结构更加简单,动力传输效率更高。目前驱动电机热效率普遍在90%左右,最高甚至可以达到95%,远超发动机的热效率。电动汽车可以在同样动力参数的条件下实现更高的实际性能表现,同价位的电动汽车性能普遍强于燃油车。目前全球加速最快的量产车是Rimac Concept Two,其百公里加速达到惊人的1.86 s;而燃油车领域至今没有进入2 s内百公里加速的量产车型。近年传统燃油车企业开始越来越多地借助新能源汽车技术,法拉利、迈凯伦、保时捷等超跑厂商开始为旗下燃油车加入电动电机,研发和生产混合动力汽车,进一步提升车辆整体性能。此外,驱动电机以价格低廉的电能为主,不需要进排气,不存在"三滤"(机油滤清器、燃油滤清器、空气滤清器),使用和保养成本显著低于燃油车。近年来,比亚迪、丰田等企业也开始研发能耗更低的混合动力汽车。

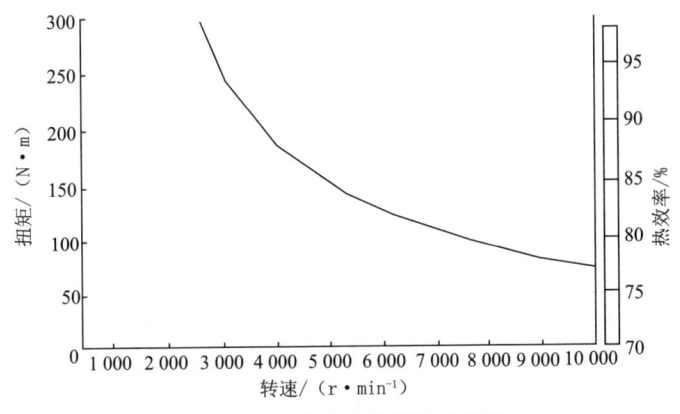

图 3-2 驱动电机热效率曲线图

除核心技术之外,燃油车的辅助技术同样停滞不前。由于内部机械零件多,电气设备少,燃油车难以实现大量使用电子器件的智能网联、自动驾驶等功能。

目前燃油车自动驾驶级别普遍在 1～2 级，大部分车辆仅能实现定速巡航等基本功能；而纯电动汽车内部电子器件多，大容量动力电池供电稳定，较容易实现高级别的自动驾驶。目前主流纯电动汽车可以实现 3 级自动驾驶，宇通、长安、东风等品牌已经实现旗下 4 级自动驾驶电动汽车的上路运行，智能网联功能已经成为目前几乎所有纯电动汽车的标准配置。此外，在电池技术没有重大突破的现状下，里程焦虑倒逼新能源汽车企业纷纷使用辅助技术从侧面提升续航里程，使得轻量化车身、低风阻系数、隐藏式外饰、热泵式空调等技术开始被广泛应用于纯电动汽车产品；而类似技术在燃油车领域几乎止步不前。燃油车的这一颓势给了新能源汽车可乘之机，性价比高的优秀新产品接踵而至，燃油车新产品却乏善可陈。二者此消彼长，新能源汽车销量渗透率连创新高，这一汽车产业的总体趋势还将持续下去。

第四章 新能源汽车产业发展市场分析

第一节 新能源汽车产业发展的基本市场模式

一、整车销售模式

新能源汽车整车销售模式与传统汽车销售没有本质区别，类似于传统车的销售，如用户直接从车企购买整车，车企提供各项质保服务等。

在整车销售商业模式中，虽然新能源汽车整车销售对企业来说更简单，但对消费者来说仍需要解决车用能源的供能问题。只有道路交通环境能够为消费者提供良好的充/换电或加氢整套解决方案，新能源汽车的销售才能够顺畅。一是需要政府在建筑规划、标准中提出充电桩安装环境整备要求（类似建筑标准中对消防安全设施的要求），以便于用户在自家停车位安装充电桩；二是需要新增建设社会化的新能源汽车快速充/换电站、加氢站网络。纯电动车的整车销售模式框图如图4-1所示。

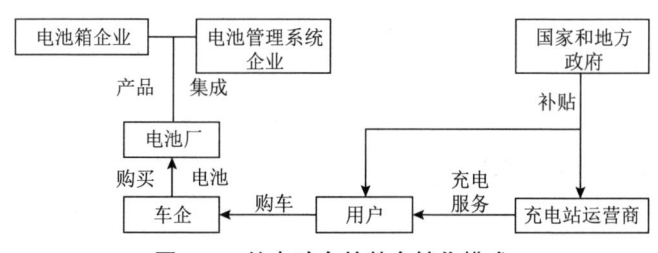

图4-1 纯电动车的整车销售模式

新能源汽车整车销售后，混合动力汽车的能源补充可以利用现有传统汽车的加油/加气站网络；燃料电池汽车的能源补充可通过新建加氢站，或利用现有传统汽车的加气站网络进行站上重整制氢联供来解决；而纯电动车（含增程式电动车和插电式混合动力电动车）的充电，将以在小区、办公楼、公共场所停车位上的智能夜间慢充为主，日间有需求时用户可在社会化快速充/换电站进行充/换电。这些服务由充/换电站运营商提供，用户与运营商结算充电费用。

二、电池租赁模式

车用动力电池成本的居高不下和使用性能的不确定性，成为新能源汽车规模化应用的瓶颈之一。因此，在产业化初期，电池租赁是一种值得尝试的模式。

电池租赁的优点在于：能够有效降低用户的使用风险和资金集中支出的压力；有助于解决车辆运营过程中电池的专业化维护、梯次利用和回收等问题，形成完整的电池应用链；可以有效降低车辆初次采购价格，即一次性投入成本，提高价格吸引力。

典型的电池租赁模式，一般是充/换电站运营商同时运营电池租赁业务。租赁公司从电池企业购买电池，同时从电网购买电力。用户只从车企购买裸车（不含电池），电池租赁和充电服务由充/换电站提供，充/换电价格中包含电池租赁价格。国家对电动车用户的补贴和对充/换电站建设的补贴，分别由拥有电池组所有权的电池租赁公司和充/换电站投资建设单位接受。在这一商业模式中，要求新能源汽车（不含电池）的裸车定价相对合理，保证生产、应用各环节的正当利益。电池租赁模式框图如图4-2所示。

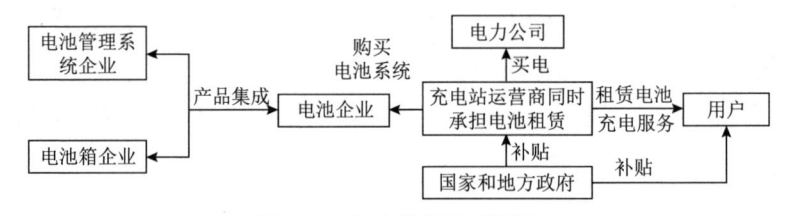

图4-2 电池租赁模式框图

电池租赁的投资主体基本有以下四种模式。

第一种，电池租赁业务由车企运营。该模式能省掉一些环节，后期维护责任明确，运作效率高；但是需要车企具有电池租赁的资质，以及良好的融资能力和专业的电池维护队伍。

第二种，电池租赁业务由专业的租赁公司进行运营，充电站/桩的建设、运营为另一主体。该模式对企业的融资要求相对较低,企业能够发挥各自优势、各司其职,但是后期运营维护主体分散、环节增多。

第三种,电池租赁与充电站/桩的建设、运营为同一主体(第三方租赁公司),电池所有权属于租赁公司。该模式集成多项运营功能,一站式服务,方便用户,但该模式需要租赁公司具有良好的融资能力,充电站建设、运营能力和电池租赁运营能力。

第四种,电池租赁与充电站/桩的建设、运营为电网企业,电池所有权属于电网企业。该模式集成多项运营功能,一站式服务,方便用户。同时,该模式也便于充换电站及运转备用电池与电网实现双向智能互动(V2G),便于电池的梯级利用和新能源汽车电池系统反过来参与电网的动态平衡,从而将电池租赁商业模式的链条延伸到电网系统内部,有效提升新能源汽车及其电池的商业价值,解决纯电动车推广中的成本难题。

三、整车租赁模式

新能源汽车的"整车租赁"商业模式,包括长租模式、分时租赁模式和电召出租模式等几种类型。电动汽车整车租赁模式与传统汽车租赁的主要区别在于,电动汽车租赁必须解决电动汽车的充/换电问题,这就要求整车租赁公司与充/换电站运营商达成一致,提供充/换电服务。

一是新能源汽车整车长租模式。专业租赁公司从车企购车,用户从专业租赁公司租车,充/换电服务由充/换电站运营商提供。车辆租赁可以由充/换电站运营商承担,车辆租赁公司也可以同时承担充/换电站运营商角色。整车长租模式框图如图4-3所示。

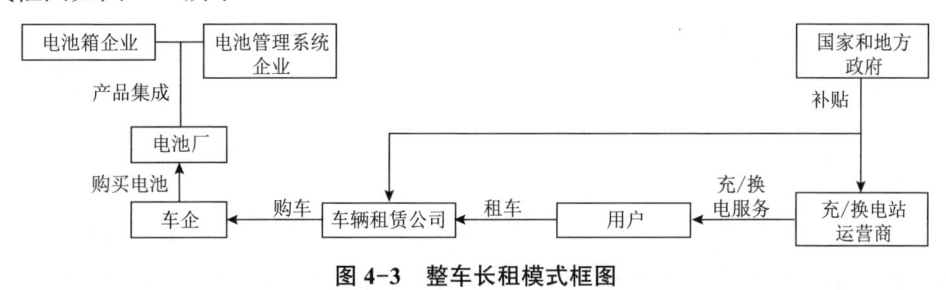

图4-3 整车长租模式框图

二是新能源汽车整车分时租赁模式。组建专业分时租赁公司,利用网络化的新能源汽车专用停车、充/换电场所,为客户提供刷卡自驾分时租赁,可以网上预约、异地还车，方便用户。

三是电召出租模式。改变以往出租车空驶揽活对交通能源和交通路面资源的浪费，采用新能源汽车最适宜的"网络分布停车（充/换电）场随时待命，电召出租"的模式，为客户服务。此模式在客户端的变化，是由路边随时打车，变为网络、电话就近电召，快捷迎送打车。这种模式更适合现代城市生活与交通需求。

上述"长租""分时租赁""电召出租"的几种"整车租赁"商业模式同样适用于"电池租赁"，也就是说，在整车企业和购买新能源汽车的租赁公司之间，如果存在一个电池租赁（含充/换电服务）的公司，那么租车公司与这个电池租赁公司就可以采用"电池租赁"商业模式。

以上几种模式中，国家对电动车用户的补贴和对充/换电站建设的补贴，分别由拥有车辆所有权的租赁公司或充/换电站投资建设单位接受。

在新能源汽车技术、产品尚处于产业化初期时，建议整车企业积极参与以上三种商业模式，如入股建立新能源汽车租赁公司，提供新能源汽车优质维保服务，跟踪产品信息，直面用户听取反馈、改进产品等。

四、车网互动 V2G 模式

"车网互动 V2G"商业模式实际上是"整车销售""电池租赁"及"整车租赁"模式基础上的技术升级版。在前述几种商业模式下，新能源汽车从充/换电基础设施单向获得电能，充/换电基础设施从电网也是单向获得电能。为了充分发挥新能源汽车与电力（电网及发电）产业的互补带动作用和潜力，有必要结合新能源汽车和智能电网产品系统的技术创新，探讨各种"车网 V2G 双向互动"商业模式。

对私家车来言，有 80% 的新能源汽车在 90% 的时间处于停驶状态。因此，通过合理的激励手段和先进的智能电网技术，引导新能源汽车用户有序接入电网，及时响应有效平抑电网频率波动、提高电力系统对可再生能源发电的接纳能力。

新能源汽车及充/换电站中的备用电池组用于分布式储能，不仅能提高电力系统运行稳定性和经济性，还能降低车用动力电池运营成本，甚至为新能源汽车用户和充/换电站经营者带来经济效益，实现新能源汽车产业与智能电网发展双赢。

例如，上述电网作为投资主体的电池租赁模式，可以从用户的实际需求出发，在车辆及用户端进一步探讨"充换兼容、双向互动"的具体实施方案：由车厂与基础设施投资主体（电网）通过技术协议和集成开发，联合向用户提供可以"充换兼容"的纯电动车辆和可以与智能电网实施"双向互动"的充换电基础设施。用户用裸车价格购买电动车，电池所有权归电网，用户有"将此电池用于本电动车驱动""应急临时外接供电""外接有偿参与电网动态平衡"等的使用权；用户不必每天都去换电站换电，可以在自家停车位利用该车厂与电网技术协议规定的双向智能电桩进行夜间充电或白天的向电网反向馈电，仅在有远行、应急需要时或电池定期（每周或10天间隔）点检维护时才前往电网设置的换电站进行换电。作为电池租赁模式投资主体的电网企业，一方面要为用户自家停车位双向智能充放电（V2G）提供配套的技术接入环境及商业模式，另一方面可充分利用换电站运转备用电池及电动车梯级利用电池，参与电网动态平衡调节，甚至代替储能电站进行昼夜峰谷调节。

作为智能电网的移动储能单元，车网互动的V2G商业模式是当前具有市场发展潜力的一种应用推广模式。如果能将新能源汽车的储能功能，与电网的调频需求、削峰填谷要求、储能要求结合起来，将新能源汽车电池的剩余价值充分发挥出来，资源会得到更有效的利用，纯电动车（含增程式电动车和插电式混合动力电动车）发展空间将更加广阔。当然，实现这样一种商业模式需要在更大范围内整合资源，需要结合建立国家可持续发展能源定价机制，结合智能电网的示范试点，结合国家可持续电动道路交通系统鼓励政策进行，难度也相当大。

五、基础设施综合集成模式

能源及信息基础设施是新能源汽车推广应用的关键，尽管前述几类商业模式也都是围绕着基础设施而单独设计讨论的，但还不够。为了进一步增加上述几类具体商业模式的可行性，还应建立可持续电动道路交通系统，针对当前新能源汽车发展的制约要素，综合考虑新能源汽车的最终消费者、中间服务商、基础设施服务商等与城市电动交通网络服务体系的综合协调，对新能源汽车基础设施进行综合规划、设计，将车辆销售、使用环节与相关社会基础设施保障服务相结合，探讨建立"新能源汽车基础设施综合集成"这一商业模式。

例如，在"整车销售"商业模式发展的初期，在小区停车场具备充电条件之后，影响用户是否采用这一方案购买新能源汽车的另一因素，就是存在"假如今天我有特殊用途需要行驶更远路程时，到哪里去找方便的充/换电场所""我的车在行驶中出现问题时，有没有就近的维保网络"这样一些担心。而负责社会化快速充/换电站网络建设的电网公司或其他投资单位,则存在"在人流、物流集中的枢纽地带,建立网络化的停车场/换电基础设施,缺乏城市规划支持,建站土地存在困难""即便政府协调网络分布点土地、投巨资建立起新能源汽车充/换电网络,但大部分人还是利用家里的夜间慢速充电,很少有人会来利用这些网状分布的基础设施,这些设施的经营维护何以为继?"这样一些问题,这样的问题在中国广东省中山市、美国加州的公共充电桩日常使用记录中就已经有所反映。

又如,对于"分时租赁""电召出租"商业模式,大家觉得这是结合信息技术,实现用车习惯变革的一种趋势。能够更加高效地利用能源和道路资源,停车时充电待命能够弥补电动车续驶里程的限制,而且经过理论计算之后认为商业模式可行,各方有利可图。但这些商业模式的成功与否,与能否以经济可行的方式建成"网络分布式的,可以在停车待命的同时,还可以随时补充电力"的网点有很大关系。这些同样需要政府的规划,以及相关基础设施投资。

如果我们把"整车销售"中所需要的"社会化新能源汽车停车快速充/换电网络"的场地,与商业模式"分时租赁""电召出租"所需要的"网络分布、随时待命停车(充/换电)场"的场地结合;把"电池租赁"商业模式的备用运转电池系统、"整车销售"商业模式用户闲置车辆的电池系统,与"车网互动V2G"商业模式的电动车电池参与电网平衡和削峰填谷相结合,则可以在一定程度上使这几种商业模式的预期经济效益测算变得好一些,大大提升可持续电动道路交通系统条件下新能源汽车的整体竞争力。在上述这样一个集成的基础设施网络分布中,如果我们再增加新能源汽车的销售、维保服务网络,依靠这些分布式网点针对新能源汽车用户和潜在用户开展多种经营服务,多业并举,则可以更进一步提高预期经济效益。

如果我们进一步把这些集成的基础设施网络,与新能源汽车的零排放静音特性、车载电池/燃料电池系统的应急反向供电特性相结合,与城市绿地、广场及避难场所网络(发生地震等自然灾害时,新能源汽车及充/换电站是优良、便利的应急电站)相结合,统一规划建设,我们就会在城市可持续发展中,在新型城镇化建设中,获得更多的社会效益。

建立"新能源汽车基础设施综合集成"所需要的网络化分布基础设施,在国家、基础设施企业共同完成一次性投资后,能够更加合理利用场地、设施、车辆、道路等资源,发展、壮大网络化的新能源汽车综合服务业集群,平衡闲置,实现各类微观商业模式的良性运营,提高基础设施综合集成模式的经济效益和社会效益。

"新能源汽车基础设施综合集成"商业模式，既有市场化的共享商业属性，又有公益性的公共服务社会属性，需要政府、租车企业、电网企业、整车企业、电池企业、投资企业联合起来，充分协商，科学规划，合作建设运营。

六、典型商业模式对比分析

综合分析初期资金压力、所承担风险、日常运营成本、后期维护责任界定等因素，可得到以上几类新能源汽车商业模式的"态势分析法"（strengths weaknesses opportunities threats，SWOT）分析结果，如表4-1所示。

表4-1 可持续电动道路交通系统发展初期纯电动车5种典型商业模式的SWOT分析

商业模式	优势 (strengths)	劣势 (weaknesses)	机会 (opportunities)	威胁 (threats)
整车销售	类似于传统车的商业模式，涉及环节少，维护责任清晰	用户初期投资金额大，风险大，加之初期充电不便利，市场吸引力低	一旦充电设施足够便利，则会沿用传统车的销售维护渠道发展	现阶段整车不成熟、价格高，充电设施不完备，用户不会轻易购买
电池租赁	用户初期购置资金压力相对降低	目前电池的标准化和通用性较差；车辆和电池维护主体分散	加强电池标准化及全生命周期利用，将加速新能源汽车的普及应用	需明确故障责任界定，否则，整车厂和电池租赁主体会产生矛盾，影响用户积极性
整车租赁	用户承担风险小，使用便利，市场吸引力大，有利于新能源汽车（特别是在发展初期）批量推广	资金和风险承担能力要求高；分布式网络站点建设困难	网络站点与社会化充电基础设施结合，有较大商机	同时，推广中也会面临用户习惯、信息系统实用性等方面的挑战
车网互动 V2G	消费者在使用新能源汽车时，可额外获得价值；对电网企业、国家能源协调有利	需要智能化和信息化（特别是在发展初期），对电网进行改造，有难度；消费者对新事物不接受，担心影响电池寿命	国家推动新能源汽车与推动智能电网发展互动，可以形成自主知识产权技术体系	新能源汽车数量或充/换电站储能单元数量不够多，不能达到移动储能（V2G）的有效规模；各方利益协调难，技术融合需要做大量工作

续表

商业模式	优势 (strengths)	劣势 (weaknesses)	机会 (opportunities)	威胁 (threats)
基础设施综合集成	提供良好应用环境，促进新能源汽车产业发展；电力等行业作为新能源汽车服务产业，自身能得到充分发展	系统建设难度较大；对相关技术、产品、商业模式的集成要求高；将触及公共、行业、单位资源和利益	提高各类微观商业模式的可行性，是中国结合城市可持续发展、新型城镇化建设，发展新能源汽车战略性新兴产业的良好机遇	商业模式协调设计、实施切入比较困难

第二节 新能源汽车产业市场培育战略

本书认为，虽然当前国内外对新能源汽车（特别是纯电动车）所实施的大规模投资、补助、减税等鼓励政策，为新能源汽车初期市场的培育创造了良好机会，但新能源汽车产业与初期市场的发展一再低于各国政府、业界及用户的预期。在这种形势下，为了有效地培育新能源汽车这一战略性新兴产业，必须从建立可持续电动道路交通系统的高度综合考虑，探讨采取合适的商业模式和市场培育战略，市场开发与产业互动、与应用环境互动、与政策导向互动、与商业模式互动，开发出能够掀起市场潮流的商品，聚焦细分市场利基发展。

一、市场与产业

新能源汽车的初期市场培育需要政府、用户、车辆企业、基础设施企业及其后所牵动的新能源汽车整个链条上的全产业的战略支持与具体行动。一方面，需要以应用需求为根本出发点，由政府与用户通过政策、社会责任、合理出行等共同努力，营造一个新能源汽车的初期市场；另一方面，需要新能源汽车全产业链相关企业，在技术、产品、标准与服务方面全面跟进。另外，对于初期投入市场的新能源汽车本身的价格与服务、基础设施的价格与服务、电池等关键零部件使用过程的维保服务，产业界要有一个战略性的、相对均衡的、有吸引力的价格设定，不要让这些初期市场产品分摊过多的开发成本和战略投资。

二、市场与应用环境

为了构建新能源汽车的初期市场，有必要为新能源汽车发展营造必需的基础设施配套环境、快速反应的维护保养服务环境、信息增值服务配套环境，需要进行大规模的投融资和共建共享。同时，需要利用新能源汽车的用能储能特性，通过引进可再生能源来减轻资源与环保压力，利用分散发电、蓄电和V2G技术来调节整个城市的能源需求、提高电网运行质量，结合智能交通系统技术和车辆之间的通信技术，解决城市内的交通堵塞问题。

三、市场与政策导向

面对能源、环境和产业竞争等问题，新能源汽车战略性新兴产业培育是中国社会进一步发展的重要突破口和对策。为了在中国实现可持续交通、可持续产业能源、可持续经济的发展，新能源汽车及其相关产业需要做出变革并发挥其核心作用。

同时，中央政府、各级地方政府、社会行业组织等，积极出台一系列统一协调的多元互动的政策，来启动新能源汽车的初期市场，包括车辆、基础设施、使用环节补贴，产业、市场各项税收优惠政策，不摇号、不限行、停车优惠、道路特殊准入等非财政性优惠政策等，特别是在基础设施及持续应用环节拿出让用户满意的政策和解决方案。

四、市场与商业模式

在市场化初期，新能源汽车面临着价格、技术和使用方便性三大瓶颈。价格方面，新能源汽车价格偏高，不能形成相比燃油车辆的市场竞争力；技术方面，目前，配备锂离子动力电池的新能源汽车性能还无法与燃油车辆全面抗衡；使用方便性方面，新能源汽车续驶里程、能量补给目前尚不能与燃油车辆竞争。面对这三大瓶颈，我们应该在动力电池技术取得进展的基础上，多管齐下，寻求新型商业化模式，以打开新能源汽车大规模市场化的局面。

首先，要充分重视近几年"十城千辆"示范推广中新能源汽车商业模式探讨所积累的经验，以及所碰到的成本、技术和使用方便性难题，在示范推广初期特别是在公共服务领域，要强调"示范推广模式"。在新能源汽车规模示范推广的初期，对于初期市场中的成本缺口，由国家、地方的政策补助及汽车产业、电力产业等的战略投入来解决，但要保障每一个产品和服务提供参与方的局部商业模式可行（市场经济必须的条件），以微循环实现商业模式可行为基础，逐步扩大市场化程度，提升产业竞争力。其次，一定要建立政策退坡机制，不断提高新能源汽车市场整体商业模式的可行性，在结束起步期的扶植后，逐步体现产品或服务本来的价值，靠市场带动新能源汽车的发展。

五、利基发展，依托初期细分市场培育产业链

目前，新能源汽车还是新生事物，新能源汽车初期市场具有利基市场（nichemarket）的特点。利基市场是指那些被市场中具有绝对优势的企业所忽略的某些细分市场，而且这个市场中存在尚未被满足的需求。

在中国，目前传统乘用车市场的强势品牌还是国外品牌（包括合资生产的国外品牌），自主品牌与合资自主品牌在乘用车市场正在承受着越来越大的压力。这种情况下，在乘用车这一正面主要市场，我们只能结合汽车工业"由大做强"，有选择地进入一些细分的乘用车市场领域，如轻/微型电动车、中级以上中高档普通电动乘用车，利用我们的市场和政策优势开展差别化竞争，实现自主品牌的突破。

对于有品牌、创新能力和产业基础的一些细分商用车市场，如客车、中巴车、物流车、微型车等市场，要抓住时机大力实现其电动化，培育一批有竞争力的车型、品牌、企业。新能源汽车动力系统平台的一体化、模块化战略，要与这些主攻车型战略相匹配。

在技术发展、市场培育的初期，新能源汽车应该走利基发展的道路，深耕那些被市场优势企业忽略的某些产品或服务的细分市场，集中力量进入并成为领先者，同时建立产业技术创新战略与标准专利联盟，发展新能源汽车整车、关键零部件、能源供给基础设施、智能化/信息化增值服务等全产业链产品，逐渐形成持久的竞争优势。利基发展战略将成为中国新能源汽车企业全球化发展策略的重要选择。

六、集成突破，建立区域可持续电动道路交通系统

当前，与传统汽车已有功能、性能相比，新能源汽车尚处于劣势，与传统汽车巨头相比，新能源汽车的积极开发推动者（大多是中小型新进入企业）也还是弱者。但是，新能源汽车具有电动化、电子化、智能化特征优势。这就带来了许多传统汽车没有，但在用户多元化需求中有应用市场的用途和功能，如可作为分布式调峰电源加入智能电网，可搭载更多的智能化/信息化技术等，因此极具发展潜力。

在中国，从技术发展所处阶段及市场、产业突破可行性考虑，我们应借助战略性新兴产业地位的确立，"十城千辆"第二阶段、第三阶段工程措施接续出台的有利时机，在特定区域内战略性地集中人力、物力、财力等资源，积极探索建立区域可持续电动道路交通系统，形成有竞争力的初期细分利基市场。在某地域市场获得成功后，再向其他地域市场扩展，如此持续下去，最终由各地方的当地市场扩大到全国市场，再扩展到全球市场。

第三节　中国新能源汽车市场发展趋势分析

一、技术进步，模式创新，细分市场发展将成为主流

在国外，量大面广的乘用车市场一直是汽车企业竞争的主战场。在这种情况下，大型跨国汽车企业抓住乘用车市场实现其新能源汽车的正面突破，是合理的。这与其强大的技术创新能力及企业产品偏重于乘用车的结构有关。

在中国，与国外大型汽车企业目前尚专注于乘用车领域的策略不同，未来10年中国将主动应对节能减排压力，在包括乘用车在内的多种车型上实现技术的创新和商业模式的突破，利用自身的市场和政策优势，实施新能源汽车的细分市场发展。

在传统汽车的非乘用车领域，纯电动大型公交车、纯电动客车、大型LNG混合动力客货车、燃料电池客货车、中型纯电动物流车、环卫车将得到大力发展；在自主品牌面临较大竞争压力的传统汽车的普通乘用车领域，纯电动普通乘用车（私家车），B级以上燃料电池和混合动力高端私车、公务用车、电召出租车等将成为中国的主攻方向；在传统汽车领域之外，纯电动轻型乘用车/货车（限于高速公路之外的一般城镇道路行驶）及纯电动微型乘用车/载物车（限于低速车辅道行驶）将得到快速发展。

公共服务领域车辆一般由政府或单位统一规划、统一采购、集中管理，公共服务领域车辆一般都有固定的停车场所，在这些场所容易建设充电基础设施。在公共服务领域需要政府加大新能源汽车推动力度，对国内外积极开发新能源汽车的厂家来讲，公共服务领域新能源汽车市场与私人购买市场一样，仍将是公开、公平的竞争性市场。由此，本书作出以下推论。

未来10年，当中国市场规模更大，充电加氢基础设施条件更加完备时，国

外大型汽车公司和大型汽车动力系统公司也能较快研发出上面所列各类细分市场新能源汽车产品，只是其在市场策略上先布局了乘用车市场而已。

未来10年，中国汽车及小型道路交通工具有巨大的市场潜力，有多层次的消费需求。每一个细分市场都有一定的市场容量，通过竞争，能培育一批专注于某一细分车型小众市场的新兴自主品牌和电动车企业。这些细分市场的电动化，无论对于专注于这一领域的企业个体，还是对于国家实施新能源汽车发展战略，建立可持续电动道路交通系统都具有现实意义。

未来10年，在开辟新能源汽车的多元细分利基市场的同时，中国新能源汽车产品和技术平台的一体化、标准化，车辆电驱动系统的模块化、系列化将得到良好发展。在充分满足新能源汽车多元细分利基市场培育需求的同时，能有效集成资源，形成具有中国特色的产学研集群和协同创新格局。

未来10年，新能源汽车发展的瓶颈在于，车辆产品与充电加氢基础设施、能源环境系统、新兴商业模式和初期市场的协调之间的问题。这就决定了新能源汽车的发展，必须放在整个社会建立可持续电动道路交通系统的框架下进行，由汽车企业一厢情愿地主导其市场定位，效果未必能好。

未来10年，中国将制定并实施新能源汽车在细分市场发展的市场化策略，顶层设计新型商业化模式及技术产品，优化资源配置，开发可与电力能源系统、加气基础设施更好结合的各类新能源汽车，实现车辆产品与基础设施、能源系统、新型商业模式的协调发展。

二、把握节奏，协调发展，融入可持续电动道路交通系统

新能源汽车战略性新兴产业地位的确立，汽车、电力、交通等领域企业的积极参与，以及国家、地方、相关行业的积极推动，为中国在建立可持续电动道路交通系统的框架下把握节奏、协调发展新能源汽车创造了良好环境。本书作出以下推论。

未来10年，将是中国中高速纯电驱动车辆起步及批量发展的关键期。在纯电动大中型商用车，轻、微型乘用车/货车的细分市场中，中国自主品牌将得到快速发展。在乘用车这一市场，通过差别化研究开发和政策拉动，中国以B级以上中高档轿车为基础开发的纯电驱动普通乘用车（纯电动、燃料电池车共车型平台开发）将得到一定发展。另外，随着国家可再生分布式能源及智能微电网战略加强，中国充/换电基础设施将先行一步建设，燃料电池汽车基础设施在与

LNG混合动力汽车共用加气加氢网络的同时，还将逐步与充/换电基础设施网络进一步结合（工业副产气等制氢供氢＋充/换电网络峰谷氢电互转），为纯电动车、燃料电池车等纯电驱动车辆的发展提供基础设施保障。

未来10年，随着中国经济发展、人民生活水平提高、节能减排措施的增强，低速纯电动微型车辆将得到快速发展，与其配套的电机、电池、电控、电制动、电空调等关键零部件将与中高速纯电驱动车辆共享技术与产业化平台。

未来10年，在面向公共服务领域的示范性市场，中国燃料电池车将以示范租赁车队为主，座位客车和卡车居多，主要是培育自己的产业创新基础。在面向个人消费的燃料电池乘用车的竞争性市场，销售的主体还是进口及合资生产的国外品牌（其中少量为自主品牌的增程式燃料电池乘用车）。

未来10年，在政策和市场的共同推动下，中国混合动力汽车（含PHEV）将有良好成长。混合动力公交车（包括CNG等燃气公交车）将得到充分发展并出口海外；大型LNG混合动力座位客车和重型卡车将逐步引入市场，城市及城际间加气站网络将逐步形成（同时可带动燃料电池车加氢网络的发展），成为新的产业生长点；在B级以上轿车基础上开发的混合动力普通乘用车（含PHEV），将在出租、公务、高端私人用车市场实现突破。从内在因素上来看，中国量大面广的混合动力乘用车市场的成长，还要取决于国内汽车企业（自主品牌）、国外汽车企业（进口车）、合资企业（合资国外品牌、合资自主品牌）对混合动力汽车市场的战略和政府政策，以及具体产品投放市场的时间节点和力度。在政策环境（包括对混合动力的优惠政策，以及对大排量等非节能环保的奢侈产品的限制政策等，包括相关政策执行所依据的技术标准）建立的初期，混合动力汽车发展较慢。

未来10年，中国能源的可持续供给及智能有效利用，环境的可持续发展将被提上议事议程，交通规划、车辆运用、能源供给、信息互动、产业发展五位一体的"可持续电动道路交通系统"将成为重要解决方案。今后，道路车辆和私人及公共交通需求的定位，将更多依赖合理的交通规划和协调互补的交通手段。"公交车优先发展，小型车适度发展"将成为主流思考；今后，在相关新增和更新道路车辆市场中，因可与电网能源、氢能源协调发展，清洁高效的新能源汽车将成为首选；今后，在可持续交通中，电动车将因其智能化、信息化及其与能源、交通基础设施的高度衔接，给客货运输带来新的体验和效率。

三、纯电驱动、转型成长，到2030年成为创新发展主力军

关于中国汽车生产销售的中长期推算，有各种各样的数据和说法，本书认同《中国统计年鉴-2009》所引用的专家观点，即"汽车的保有量的多少，除土地、道路、能源之外，还取决于这个国家的经济发展水平、老百姓的购买力。未来中国汽车的最高销售量可达3 000万辆，汽车保有量最高可达4.5亿辆"。如果这一高峰能在2030年达到，那么中国汽车保有量从2011年的1.06亿辆经过20年发展到4.5亿辆，增长率将达4.2倍，平均每10年增长2.1倍。

与汽车行业整体发展预测并行，本书研究在2013—2020年相对详细具体估算模型的基础上，分析设定相关发展条件，进一步建立一个初步的2021—2030年的发展模型。本书研究认为，在2020年之后，中国新能源汽车将有两个发展特点。

其一是技术进步更加显著，自主联合创新走向良性循环，新能源汽车战略性新兴产业站稳脚跟，快速发展。无论是纯电动汽车、燃料电池汽车还是混合动力汽车，在其各具特色的优势领域中，都会以超过传统汽车的增速增长。

其二是在可持续电动道路交通系统中，新能源汽车与电力及氢能源系统的结合将更加紧密，新的互动商业模式极具吸引力，足以吸引新能源汽车的用户、制造商积极加入，燃料电池和纯电动车辆将比混合动力汽车有更快的增长率，在完成市场电动化（BEV/PHEV/EREV/FCEV/HEV）的细分市场上，纯电驱动车辆（BEV/PHEV/EREV/FCEV）将进一步取代混合动力汽车（HEV），实现快速转型增长。

因此，综合考虑以上因素及市场容量限制等，进行中国新能源汽车保有量的中长期发展初步预测（充分乐观场景下），具体结果如表4-2所示。

表4-2 到2030年中国新能源汽车保有量的中长期发展初步预测　　　　　单位：万辆

车型	到2030年保有量
大型纯电动商用车	85.0
中型纯电动商用车	9 113.0
纯电动普通乘用车	609.7
纯电动轻型乘用车	1 977.1
区域微型电动车	2 194.7
纯电动车辆合计	5 777.8

续表

车型	到 2030 年保有量
大型混合动力公交车	0
大型 LNG 长途混合动力客车	43.8
中重型 LNG 混合动力卡车	246.0
混合动力普通乘用出租车	0
私人混合动力普通乘用车	500.0
混合动力汽车合计	789.8
大型燃料电池公交车	115.0
大型燃料电池座位客车	82.0
重型燃料电池货车	140.0
燃料电池租赁乘用车	60.0
私人燃料电池普通乘用车	312.6
增程式燃料电池轻型乘用车	200.0
燃料电池汽车合计	909.6
新能源汽车总计	7 477.2

表 4-2 所反映的中国新能源汽车初步发展模型表明，到 2030 年，在人口密集区域行驶的小型车辆及公交、出租等车辆领域，主要以纯电动和燃料电池汽车为主。例如，进入 2030 年公交系统全面实现电动化后，混合动力出租车、混合动力公交车（仍然有燃油消耗和各种有害气体排放及温室气体排放）和纯电动大型公交车（装载电池太多，有环保效应但资源占用较多）将会被技术已经成熟的燃料电池汽车代替；而在城际间大型长途客车、重型货车等领域，即便是到 2030 年，LNG 混合动力汽车及燃料电池汽车仍然发展迅速，并在加氢站、加气站领域实现共享，直到中国所有重型货车全面实现电动化为止。

根据表 4-2 所反映模型预测，到 2030 年，中国新能源汽车保有量有望发展到 7 477.2 万辆，将占届时中国汽车总体保有量 4.5 亿辆的 16.6%。其中，纯电驱动车辆（BEV/PHEV/EREV/FCEV）为 6 687.4 万辆，届时将占中国新能源汽车总保有量 7477.2 万辆的 89% 以上（2020 年这一比例为 73% 左右），成为中国道路交通车辆节能减排和创新发展的主力军。

第五章 新能源汽车产业发展的风险规避

第一节 新能源汽车产业风险含义及形成机理

一、新能源汽车产业风险含义的界定

学术界对风险的定义，可以归纳为如下几种。

（一）不确定性

哈迪（Hardy），罗森布卢姆（Rosenbloom），格雷恩（Crane），以及英国项目管理联合会等认为，风险是与费用、损失或损害相关的不确定性。

（二）客观体现的不确定性

美国学者亚瑟·威廉姆斯（C. Arthur Wiiliams）和汉斯（R. M. Heins）于1964年发表著作认为，在给定情况和特定时间内，对于可能发生的结果间的差异，若有多种可能结果，则有风险，且差异越大，风险越大。这一观点强调了风险的客观存在。

（三）可测定的不确定性

美国经济学家F. H. 奈特（F.H. Knight）在威雷特（Willett）有关风险理论的基础之上进一步对风险与不确定性进行了明确的区分，指出一个事件的状态概率如果可以测定，则视其为风险事件。

耶茨（Yates）和斯通（Stone）于1992年提出风险的三因素模型，三因素分别为潜在的损失、损失的大小、潜在损失发生的不确定性。这从本质上反映了风险的基本内涵，为现代风险理论的形成设立了基本框架。

1964年，美国学者威廉和汉斯把人的主观因素引入风险分析之中，认为风险虽然是客观的，对同一环境中的任何人都是以同样的程度存在，但不确定性的程度则是风险分析者的主观判断，不同的人对同一风险的认识可能不同。

风险管理是社会组织或者个人用以降低风险的消极结果的决策过程，通过风险识别、风险估测、风险评价，并在此基础上选择与优化组合各种风险管理技术，对风险实施有效控制和妥善处理风险所致损失的后果，从而以最小的成本获最大的安全保障。风险管理的对象是风险；风险管理的主体可以是任何组织和个人，包括个人、家庭、组织（营利性组织和非营利性组织）；风险管理的过程包括风险识别、风险估测、风险评价、选择风险管理技术和评估风险管理效果等；风险管理的基本目标是以最小的成本收获最大的安全保障。

虽然"产业风险"一词在现实的经济活动中使用很频繁，但很少有对其进行概念界定的文献。张立认为产业风险是指在开放条件下，一国产业由于政策、环境等外在条件的变化，以及国外产业冲击，而导致该国产业的发展受到阻碍或失去控制。周新生认为产业风险是指从事某一行业的损失的不确定性。根据挪威研究理事会对产业风险（industry risk)内涵的诠释，所谓产业风险是指对于产品设计、生产、销售以及外在环境的不确定。余佳认为产业风险是在全球化市场竞争环境中，产业发展由于技术、市场、政策等因素影响遭受损失、伤害、不利或毁灭的可能性。

关于新能源汽车产业风险，目前并没有明确的定义，从现有的文献来看，一般都是从风险的类型、表现或特征描述风险。本书认为，由于产业是社会分工的产物，产业的成长或发展是人类有意识改造世界的活动，是人与自然有机的交互过程，产业既具有自然属性，同时也具有社会属性，所以在定义新能源汽车产业风险时，也要兼具产业的自然属性和社会属性。综合相关文献，本书对新能源汽车产业风险定义如下：一国或一个地区在开始发展新能源汽车产业时，在众多利益相关者的参与下，产业由于基础条件、自身能力的限制，在受到来自各种风险源的影响及其关键风险要素的作用下，导致产业发展缓慢、发展停滞或产业走向衰退的不确定性。

二、新能源汽车产业风险形成机理

现有文献对产业风险形成机理的研究很少，而具体对新能源汽车产业风险形成机理研究的文献尚没有发现。目前有学者针对产业集群风险形成机理进行研究，如周雄飞、聂振飞、黄河等人。程蓉和张剑光介绍了汽车产业集群风险的形成机理，他们的研究角度与上述研究类似，即从内生性和外生性对汽车产业集群的风险进行了分类。梁展凡和袁泽沛从复杂系统理论视角出发，在介绍项目群的概念、要素和类型基础上，解释了项目群互动的演化机理和互动结构关系，分析研究项目群管理中存在的互动风险问题。

按照风险形成的范围，可以将新能源汽车产业风险分为内生性风险和外生性风险。本书在借鉴相关文献研究成果的基础上，分别从内生性和外生性两个维度分析了新能源汽车产业风险形成的机理。

（一）内生性风险及形成机理

内生性风险是新能源汽车产业风险的内因所导致的，内生性风险的大小某种程度上体现了新能源汽车产业素质的高低。产业素质可以从物质和组织两个层面进行分析。物质层面，产业素质表现为产业的自身基础及能力，如原材料、技术、设备、工艺、人力资源等的数量和质量情况；组织层面，产业素质则表现为对上述物质内容的管理与组织情况，与社会因素如政治、经济、文化等直接相关，这些因素已经内化为产业的一种精神特质，深刻地影响产业的发展和产业抵御风险的能力。当自身发展能力不足或存在某种管理上的缺陷就会产生风险。相对外生性风险，内生性风险更易把握与控制，可预见性更强，因果关系相对清晰。内生性风险包括基础性、结构性和网络性三类。

一个产业的发展，归根结底是与一个国家或地区的产业基础直接相关的。而产业基础与产业发展的先天因素和现实因素密切相关。所以，新能源汽车产业基础性风险可以理解为：由于新能源汽车产业发展的基础状况差异所导致的风险。当有良好的产业基础时，产业抵御风险的能力就强；反之，抵御风险的能力就弱。

先天因素是与先天禀赋直接相关的因素，体现了产业可能的先天素质和成长潜能，如一国的资源禀赋、基础研究状况、整体技术水平、技术储备状况、人力资源水平、管理水平、市场容量、文化发展、经济水平和国际关系状况等。该类因素的特点是较为稳定，随时间的变化也较为缓慢，变化的路径也易于把握。如果一国或地区发展新能源汽车产业的先天因素存在不足，则对产业现实能力的支撑就可能不足，进而容易形成基础性风险。

现实能力由先天因素决定的并与发展新能源汽车产业直接相关的一系列能力

构成。这种能力与传统汽车产业发展状况直接相关，如汽车产业的创新能力、人才状况、管理能力、营销能力、生产能力等。现实能力一方面由产业先天因素决定，另一方面与自身的发展有更直接的关系。即使先天因素相近的国家，由于发展汽车产业的先后不同，现实能力必然也会有差异。如果现实能力较弱，则导致风险的可能性也较大。基础性风险形成的机理如图 5-1 所示。

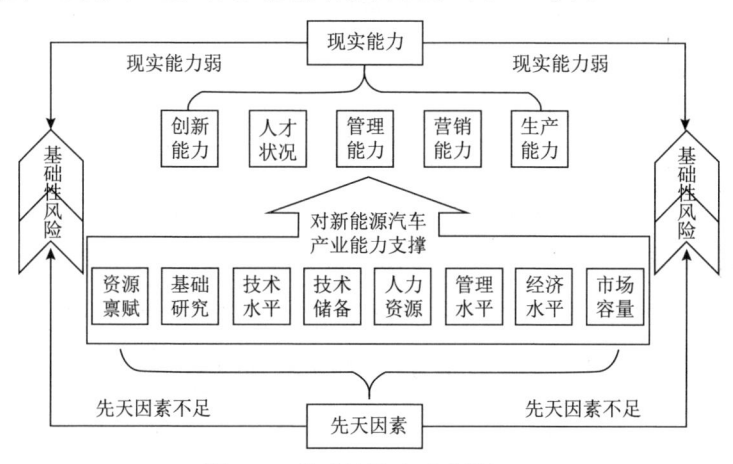

图 5-1 基础性风险形成的机理

（二）结构性风险及形成机理

新能源汽车产业结构性风险可以理解为：在静态情况下观察产业时，产业的不同规模企业构成情况、产业链结构、原材料、人力资源等结构因素可能导致的风险。如果产业存在垄断或国有企业过于强大而民营企业过于弱小，就可能会影响创新的积极性；如果产业没有核心企业，或市场集中度低，则有可能会造成资源过于分散，不利于产业国际竞争力的培育；如果由于原材料的限制，使产业锁定在某种资源或产业链依据这种资源而构建，产品品种单一，一旦面临替代风险时，整个产业链都会面临被替代的风险。在产业的布局上，新能源汽车产业本应根据各区域产业发展基础、市场分布特点、贸易便利性等因素，会有一个合理的产业布局，但现实中可能出现产业同构化和碎片化现象。例如，我国各省本应结合当地实际情况慎重选择是否将新能源汽车产业作为发展重点，但在实际操作中，许多地方政府由于担心失去发展机会，在没有经过充分论证的情况下，仅凭借主观感觉就做出选择，结果一哄而上，形成了各省新能源汽车产业同构化和碎片化发展的现象，而且为了维护地区间竞争的地位，极易造成地方保护主义倾向。结构性风险形成机理如图 5-2 所示。

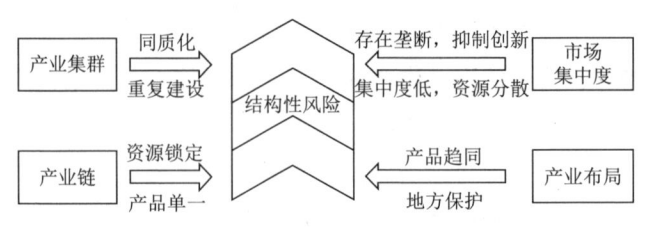

图 5-2 结构性风险形成机理

（三）网络性风险及其形成机理

瑞典的哈堪森（Hakansson）和斯涅何塔（Snehota）提出了影响网络组织结构的基本变量和网络的构成关系。在这一模式中，主要从网络间主体关系、主体间交互活动以及主体间资源依赖三个角度分析风险产生的原因。如图 5-3 所示，新能源汽车产业网络性风险可以理解为在由主体、资源、行为所构成的网络中，因产业处于发展初期，资本、技术、信息、人才和物资资源的缺乏，在交互过程中，造成了信息不对称、对未来预期的不确定性等问题，同时，在相关主体的博弈过程中，会出现不正当竞争，对政策的过度依赖，以及不完全契约、道德风险、机会主义和偷懒行为等给产业带来的危害。在新能源汽车产业中，主体、资源和行为主要内容如下。

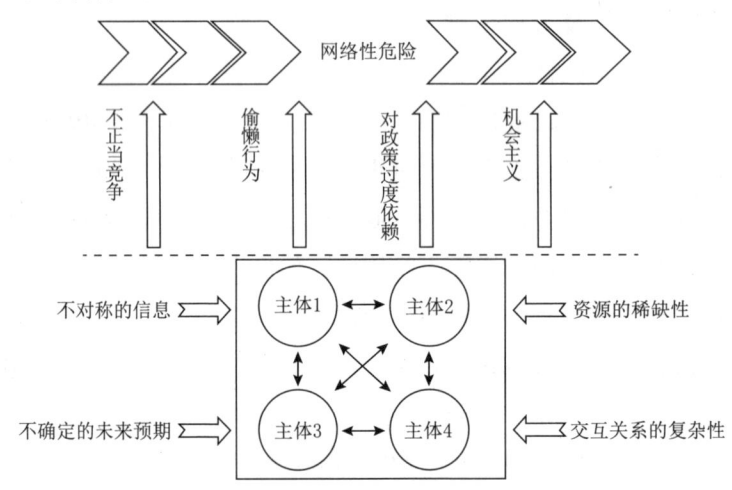

图 5-3 网络性风险形成机理

主体：消费者、整车厂商、配套厂商、科研机构、政府、运维商。
资源：基础资源、信息资源、政策资源。
行为：预期、买卖、竞争、合作、规制、研发。
新能源汽车产业行为主体所占用资源及具体行为见表 5-1，新能源汽车产业行为主体间的交互关系见表5-2，示意图如图5-4所示。

表 5-1　新能源汽车产业行为主体所占用资源及具体行为

行为主体名称	行为主体具体内容	占用资源	具体行为
消费者	既包括正在使用新能源汽车的消费者，也包括潜在消费者	信息资源、政策资源	购买决策、争取政策支持、交流信息、信息反馈
整车厂商	各类新能源汽车厂商	基础资源（资本、专用技术、人力、原材料及传统汽车所用资源）、信息资源、政策资源	开展研发、整车制造、汽车销售、争取政策支持、与其他厂商竞争，根据预期进行决策
配套厂商	电池、驱动电机、动力管控单元开发、传统零部件厂商等	能源材料（氢气、醇、汽油等）、专用材料（铂、锂、银、稀土等）、信息资源（含技术专利等）、政策资源	开展研发、配套产品销售、争取政策支持、与其他主体开展合作、与其他厂商竞争，根据预期进行决策
科研机构	研究院、咨询机构、高校等	信息资源、政策资源	开展研发、售卖技术、信息搜集、信息加工、信息咨询、争取政策支持、与其他主体开展合作，根据预期进行决策
政府	中央及不同地域政府，各类部门	政策资源	制定行业准入规则、制定产业鼓励政策（补贴、税收等）、地方保护、相关规制，根据预期进行决策
运维商	充电服务商或电池运营商、维修服务商、电力企业等	土地、信息资源、基础资源、政策资源	充电服务、与电池厂商或整车厂商开展合作、汽车售后服务、争取政策支持、根据预期进行决策

表 5-2　新能源汽车产业行为主体间的交互关系

	消费者2	汽车厂商2	配套厂商2	科研机构2	政府2	运维商2
消费者1	信息关系	买卖关系	买卖关系	信息关系	政策规制	买卖关系
汽车厂商1	买卖关系	竞争关系	合作关系	合作关系	政策规制	合作关系
配套厂商1	买卖关系	合作关系	竞争关系	合作关系	政策规制	合作关系

续表

	消费者2	汽车厂商2	配套厂商2	科研机构2	政府2	运维商2
科研机构1	信息关系	合作关系	合作关系	竞合关系	政策规制	合作关系
政府1	政策规制	政策规制	政策规制	政策规制	协作竞争	政策规制
运维商1	买卖关系	合作关系	合作关系	合作关系	政策规制	竞争关系

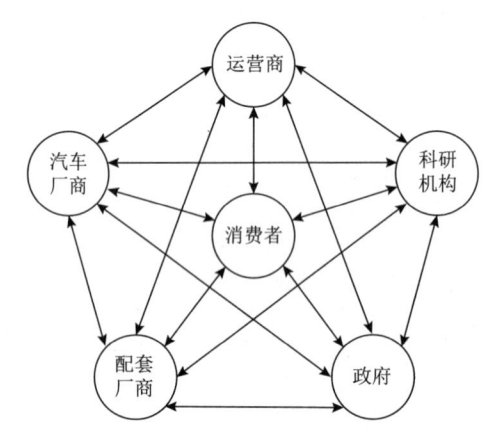

图5-4 新能源汽车产业行为主体间的交互关系示意图

由于政策、技术条件或资源条件限制，使新能源汽车产业内部企业依赖在某一种资源和某一种行为从而缺乏创新，造成产品同质化倾向。或者由于新能源汽车关键技术相对落后，使众多企业选择了相近的、相对落后的技术解决方案，造成了新能源汽车产品技术水平不高。资源的锁定和产品同质化会导致不正当竞争。由于政府相关产业扶持政策所规定的新能源汽车准入规则和补贴规则，一些企业为了套取政策利益，自身不愿意投入资源进行自主创新。一些机会主义者追求短期效益的行为可能会给产业造成伤害。不同地方政府出于自身利益考虑，会造成资源过度分散，以及资源不能有序流动，给产业发展带来巨大的伤害。

同时，在主体间的交互活动中，各个主体通过综合与整理有关信息，逐渐形成了对新能源汽车产业的认知，如消费者对新能源汽车安全性的认知、全寿命成本的认知、使用便利性的认知。当产业处于起步阶段时，主体更会主动地去建立一种对产业未来发展的预期，尤其是关注政府进一步的政策，以此为依据进行下一步的决策，如是否购买？是否继续投入资源？是否需要调整战略？采取观望还是跟进策略等。所以，在新能源汽车产业处于萌芽期时，各行为主体的预期对产业发展有重要的影响，而在我国，政策对人们预期的调整具有重大的作用，由此引发的风险也尤其值得关注。

如果将新能源汽车产业比作人的机体，那么基础可以比作人的机体的先天素质，先天素质好，则抵御风险的能力就强；结构可以比作人体机能构成要素的比例关系，要素构成合理，协调性好，则抵御风险的能力就强；网络则可比作人体机能构成要素的交互关系，交互关系中以具体的物质作为媒介，各个系统运转良好，相互协调则抵御风险的能力就强。

（四）新能源汽车产业外生性风险形成机理

外生性风险来源于产业的外部，外生性风险的根源是新能源汽车产业所处环境的复杂性与不确定性，如技术的突变、经济周期、外部竞争、政策或法律风险等。

外生性风险更具偶然性和不可预见性。由于环境的复杂性和人们认识能力的局限性，使外生性风险给新能源汽车产业带来的影响很不明确，这些外部力量的冲击会对新能源汽车产业发展带来巨大和难以估量的不确定性。外生性风险具有影响范围广、偶然性与突发性等特点，而且外生性风险难以控制，一般只能在提前对各种可能性预判的基础上，事先做出相应的应对预案。

环境变化本身并不能产生风险，环境因素必须作用于产业，对产业施加影响才可能导致风险。所以本书在分析外生性风险形成机理时，采用了外部因素与内部因素相互关系的视角。如图5-5所示，由于外部环境的变化，改变了产业相对处于稳定状态的内部环境，从而对产业带来冲击，进而导致风险。

技术突变风险是由于技术出现了跃迁或出现了全新的颠覆性技术而可能淘汰原有技术从而对产业产生的风险。当技术沿着非线性路径演进时，技术进步则主要表现为突变的、跃迁的、非连续的过程。多西（Dosi）提出了技术范式的概念，他将技术演进划分为范式内技术演进和范式转换过程中的技术演进两个阶段，分别对应于技术演进的线性和非线性两个阶段。技术革命导致技术突破，从而诱发产业技术范式的转变，进入技术演进的混沌区，最终形成新的技术范式。由于新能源汽车属于新兴产业，采用的新兴技术也正处于研发阶段，技术的突变导致新能源汽车产业技术系统的稳态和发展规律被打破，这就需要重新建立一种平衡，甚至是对原有技术系统的颠覆。

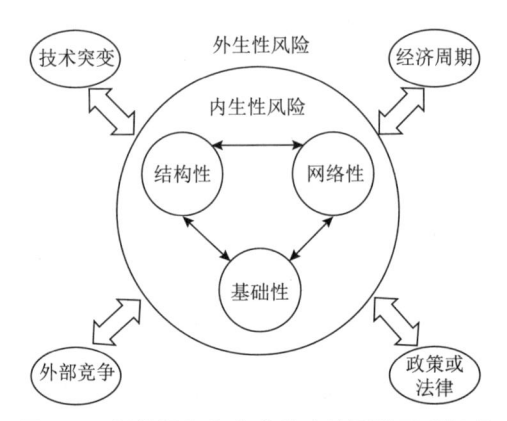

图 5-5 新能源汽车产业外生性风险形成机理

经济周期风险是一种突发的、不能人为控制的、由外部经济周期性波动等原因造成的风险。周期波动是经济发展过程中常见的现象，它表现为经济周而复始地由扩张到紧缩的不断循环运动。改革开放以来，我国经济快速发展，已经取得了巨大成就。但是，不可否认，我国经济增长在年度间的仍然存在波动。当经济发展处于低迷状态，经济发展缺乏动力，人们的购买力低下，预期降低，会严重影响发展新能源汽车产业的信心，新能源汽车产业面临需求萎缩，产业发展面临停滞的风险。

外部竞争性风险是国外企业竞争带给本土产业的风险。由于各主要发达经济体都把新能源汽车作为重点发展的产业，尤其发达国家借助良好的汽车产业发展基础，具有很强的技术优势、成熟的市场运作经验、完善的全球战略布局，在开放经济条件下，本土产业随时会面临外部威胁。

在政策和法律风险方面，安定的政治环境，完善的政策与法律体系，则有利于新能源汽车产业的发展；相反，则会给产业带来很大的风险。与西方国家相比，我国发展新能源汽车产业具有较为显著的政府推动色彩，容易造成政府对市场的过度干预，影响资源的有效配置，产业素质与市场自发方式相比可能会比较低等问题。此外，政策与法律风险还包括产业外的各级政府颁布的法规、规章和文件可能对产业生存带来威胁的风险，如由于新能源汽车废旧电池可能会对环境造成伤害，通过制定相关法规，规范电池回收行为，甚至可能面临法律的禁止，从而影响产业的发展。

从相互关系来看，内生性风险与外生性风险之间存在相互增强的机制，如内生性风险较大，则产业抵御外生性风险的能力也较弱，也会进一步导致外生性风险的影响较大；而外生性风险虽然对内生性风险的影响内容、范围、持续时间等很难估量，但可以肯定的是，外生性风险一旦形成，就会打破内生因素的相对稳态，进而增大内生性风险的可能。

三、新能源汽车产业风险的识别与评价

目前，研究新能源汽车产业风险识别与评价的文献还较少，而且其中的很多文献仅针对产业的某一个方面开展研究，从产业全局的角度研究产业风险的文献则更少，现有文献一般运用指标体系构建的方法对新能源汽车产业风险进行识别和评价。该方法的优点是能找出影响风险的各类要素，并将各风险要素的重要性进行区分，但这些研究较为普遍的局限性是结论单一、动态性差、时间指向性差，忽略了可能是重要的偶然因素的影响。

新能源汽车作为新兴产业，它的特点是处于产业发展的萌芽期，产业的各个影响因素都处于不断的动态变化中。现有识别与评价方法的一大缺点就是结论单一，只说明了一种特定的情况，实际新能源汽车产业未来发展会有多种可能性。而且，研究中假定各影响因素更多的是对现状的描绘，对新能源汽车产业的动态变化并没有体现。这种评价结论的时间指向性也较差，并没有说明某种程度的风险到底是在未来的什么时间会显现。再就是忽略了偶然因素，可能会有一个看似非常微小的事件，导致产业的飞速发展或急速地走向衰败，或者是有些因素虽然显得不重要，但它的影响大小具有偶然性，某个因素的重要性也不是一成不变的，会依时间与其他要素的变化关系而变化。

所以，现有的研究与对一般产业的研究并没有明显的区别，用传统的分析方法来识别一个本身以高风险为显著特征的新兴产业的风险，其结果自然很明显，那就是处处是风险（各影响要素），时时有风险（时间推移），这样的分析看到了问题，但对问题的本质揭示不够，对现实的指导意义也会大大降低。而新能源汽车产业属于战略性新兴产业，不仅要关注现阶段的风险，而且要关注未来风险，分析未来风险的状态。

风险识别是风险管理的第一步，也是风险管理的基础。只有在正确识别出产业所面临的风险的基础上，才能够主动选择适当有效的方法进行处理。风险识别是指在风险发生之前，人们运用各种方法系统地、连续地认识所面临的各种风险以及分析风险发生的潜在原因。从形式上来看，存在于人们周围的风险是多样的，既有当前的也有潜在于未来的，既有内部的也有外部的，既有静态的也有动

态的等。风险识别的任务是从错综复杂的环境中找出产业所面临的主要风险。

风险识别一方面可以通过感性认识和历史经验来判断，另一方面也可以通过对各种客观的资料和风险事故的记录来分析、归纳和整理，以及必要的专家访问，从而找出各种明显和潜在的风险及其规律。由于风险具有可变性，因而风险识别是一项持续性和系统性的工作，要求风险管理者密切注意原有风险的变化，并随时发现新的风险。

风险评价则是在风险识别和风险估测的基础上，对风险发生的概率、损失程度，结合其他因素进行全面考虑，评估发生风险的可能性及危害程度，参照一定的评价标准，衡量风险的程度，为主体进一步采取相应的风险防控措施提供支持的过程。

目前，具体涉及新能源汽车产业方面的风险识别与评价研究还很少见。由于新能源汽车产业是战略性新兴产业，所以我们可以从有关战略性新兴产业风险识别和评价的文献中获得借鉴。

牟芩瑶和张所地在对半导体照明行业的技术风险进行分类的基础上，提出半导体照明上游产业的技术风险量化模型。以蓝宝石衬底原材料为例，利用VaR方法评价半导体照明上游产业的原材料供应能力的技术风险，对半导体照明上游产业的风险规避具有一定的指导意义。

余佳分析了战略性新兴产业面临的市场风险、技术风险、金融风险和政策风险，并初步构建产业风险预警机制，指出战略性新兴产业风险预警机制的过程，包括风险因素分析、风险预警指标设计、风险预警评估、风险控制和风险预警反馈机制。风险预警机制是一个动态的过程，随着产业的发展变化，要不断地对风险因素、预警指标、权重、警限等进行调整，使预警系统符合产业发展规律。调整过程可采用专家会议法或德尔菲法。

张伟和刘德志针对新兴技术投资构建了包括技术风险、市场风险、管理风险、融资风险、政府干预风险与信息及知识风险的6个二级指标和24个三级指标共同构成了新兴技术投资风险评价指标体系。这些评价指标体系对信息技术投资风险进行了定量描述和评价，试图能更有效、更全面地对各种风险进行综合评价。张立超等以我国作为战略性新兴产业的光伏发电产业为例，对产业竞争情报预警工作中的风险识别进行研究。研究通过引入产业竞争情报理论，对影响产业风险的各类诱发因素进行系统剖析，提出产业风险来源的三维式（相关竞争产业维度、产业自身维度、国际竞争环境维度）分析框架，论述将产业竞争情报运用于产业风险识别的相关思路,并结合理论探讨我国光伏发电产业的实际案例,系统阐述其风险的主要来源以及产业竞争情报在其风险识别过程中的具体应用。

第二节 我国新能源汽车产业风险的特点及难点

一、我国新能源汽车产业风险的特点

理解我国新能源汽车产业风险的独特之处,是科学地识别与评价我国新能源汽车产业风险的前提和基础。

(一)产业处于萌芽期,具有更大的不确定性

新能源汽车产业作为新兴产业,不像传统汽车产业,未来的发展方向与状态可以通过已有的信息进行判断、预测,至少可以确定在一个可控的范围之内。新能源汽车产业的未来发展状态是无法确定的,而且它存在多种差异巨大的可能性。由于新能源汽车产业处于萌芽期,无论是技术的研发与组织,还是市场的培育、商业与运营模式的设计和创新,都处于试验、验证与起步阶段,具有极大的不确定性。同时,新能源汽车也是世界主要经济体借助自身优势争先发展的产业,都想借此在未来汽车产业占据主动地位,所以外部竞争异常激烈。

(二)参与主体多且复杂

更为重要的是,新能源汽车产业发展涉及众多的利益相关者,如汽车厂商、配套厂商、科研机构、行业协会、政策制定者、相关运营商(由不同的商业模式所决定。如充电站所有者与经营者、电池租赁公司等)、消费者等。他们对新能源汽车产业的预期以及他们所做的当下决策,对未来有着直接的影响。正如基南(M. Keenan)和波普尔(R. Popper)指出,未来是无法预知的,但可以肯定的是,未来将会向不同的方向演化,演化的具体方向取决于各类利益相关者的行动和现在所做的决策。而传统汽车产业利益相关者的构成相对稳定,他们所要做的行动也易于推断。

(三)产业发展处于动态变化之中

新能源汽车产业处于动态变化之中,因此某个时刻对新能源汽车作出的判断,但这种判断的前提会马上发生变化,而且这种变化也往往超出我们的预期和判断。而传统汽车产业的变化相对而言更易推断,如市场未来的规模、市场的结构等都是可以根据历史数据预测的。

（四）影响因素间的关系更为复杂

一方面，我们对影响新能源汽车产业的各个因素本身并不是十分了解，因为它们并不稳定；另一方面，也是更为重要的是，各影响因素间的关系始终处于复杂的动态变化之中，它们之间如何相互作用和影响很难把握。例如，产业技术上的不足可以怎样通过市场、政策相应的手段进行弥补？这种手段的强度或持续时间怎样才算合理？它们会如何影响利益相关者的预期和决策？

（五）受偶然因素的影响更大

一个看似非常微小的事件，可能会导致产业的飞速发展或急速地走向衰败，或者有些因素虽然显得不重要，但它的影响大小具有偶然性，而且某个因素的重要性也不是一成不变的，会依时间与其他要素的变化关系而变化。如某种市场正在使用的新能源汽车出现了安全事故，可能会突然降低人们对新能源汽车产业的发展预期，而传统汽车产业受运行事故的影响则相对较小。再就是新能源汽车依托于全新的技术和创新的商业与运营模式，技术的突变、相关产业（能源、电力、原料产业）等新的变化对产业发展都会产生巨大的影响，如人们发现了新的、性能更优良、成本更低廉的电池原料，原来的电池厂商或充电站就会遭遇巨大的冲击，或人们很快解决了采制页岩气的关键技术和成本问题，对新能源汽车在能源上的考量则又有了新的变化。

（六）政策对产业的影响需格外给予关注

中国在发展新能源汽车产业时具有较为显著的政府推动色彩，新能源汽车产业化发展的直接推动力就是国家的相关扶植政策。政府强力介入新能源汽车产业成长具有市场所不能替代的优势，如政府培育产业的目的性比较明确、前瞻性强，而且不易受经济系统本身不确定性的强烈影响。但同时，因政策的干预可能带来的风险非常难以把握，政策驱动力强或弱所能带来的风险大小，某种意义上要依据于它与其他驱动要素的力量对比关系。比如政策驱动力若很强，短期内可能对新能源汽车产业发展产生积极的作用，但从长期看，政策若没能适时调整，没能适时地让位于市场，让市场充分发挥应有的作用，对产业发展往往会产生抑制作用。我国采用的政策措施往往是对市场直接干预，无论是企业还是消费者，都非常关注政策的走向与变化，即产业的发展很大程度上依赖政策的选择而不是由市场决定。

此外，由于新能源汽车产业的发展主要以传统汽车产业为根基，新能源汽车产业风险的形成和演化很大程度上和中国传统汽车产业发展的历史与现状有关。

一个国家新能源汽车产业的发展，归根结底是与产业基础发展直接相关的。而产业基础与产业发展的先天因素和现实因素密切相关。当有良好的产业基础时，则产业抵御风险的能力就强；反之，抵御风险的能力就弱。从 2009 年起，我国汽车产销量连年位居世界第一，但与美、日、德等传统的汽车强国相比，综合实力仍存在差距。国内汽车产销量合资品牌占比较大，而国内品牌无论是从技术水平、营销能力还是品牌经营等方面都与国外企业存在差距，而这些都是发展新能源汽车产业必备的要素。所以，在进行我国新能源汽车产业风险识别与评价的过程中，一定要充分考虑我国传统汽车产业的发展历史和现状。

二、我国新能源汽车产业风险识别的难点

（一）新能源汽车产业风险识别与评价可以借鉴的方法和经验较少

风险识别与评价一方面可以通过感性认识和历史经验来判断，另一方面也可以通过对各种客观的资料和曾经发生的风险记录来分析、归纳和整理，从而找出各种明显和潜在的风险及其规律。由于新能源汽车产业作为新兴产业，采用新兴技术，技术原理与传统汽车相比具有颠覆性的变化，商业模式依赖于持续的创新，没有现成的产业风险识别与评价经验可以借鉴，这在无形中增加了产业风险识别与评价的难度。

（二）影响因素间的复杂关系如何展现

前面已对新能源汽车产业风险形成的机理进行了详细的分析，但这种分析是从不同的角度对风险进行剖析。我们在识别与评价新能源汽车产业风险时，一方面要对风险因素进行详细的分析，但从单一因素描述与评价产业风险显然不够，另一方面要将各类因素看作一个整体，对因素间相互作用后可能展现的风险图景给予更多的关注。也就是说，整体不是部分的简单相加，所以在对新能源汽车产业进行风险识别与评价时，既要描述部分，又要说明整体，两者不能偏废。

（三）如何将风险的动态发展体现在识别与评价中

新能源汽车产业的一大特点就是高风险性。当对可能导致产业风险的因素从静态的视角进行考察时，识别或评价产业的风险可以预知的结果就是风险会很高。这种简单的结果对实际的风险控制或风险管理意义并不大。所以，虽然困难，但极为重要的是要考虑如何将风险的动态发展体现在识别与评价中，即努力找出那些对产业未来风险影响最重要的一些因素，如果这些因素发生变化，最可能的风险形态是怎样的。

（四）如何全面反映产业风险的程度

正如前面所述，简单的评价结果对实际的风险控制或风险管理意义并不大，这就要求经过评价获得的产业风险程度结果要能提供足够的信息量，既能反映出整体的风险等级，又能说明局部风险的情况。

第三节　我国新能源汽车产业风险控制

一、我国新能源汽车产业风险控制的基本策略

（一）明确我国新能源汽车产业风险识别与评价的目标

在进行风险识别和评价的开始阶段，需要明确风险识别与评价的目标。新能源汽车产业风险识别与评价将会影响对产业的风险控制和管理，不同的目标要求所进行风险识别与评价的侧重点也不同，具体所构建的指标评价体系包含内容也会有所不同。为了使风险评价结果更科学、更具指导意义，必须先明确风险识别与评价的目标，以此为指导方针，进行指标选取和数据分析等后续工作。

从政策的角度来看，我国新能源汽车产业风险识别与评价的目的，是通过对我国新能源汽车产业特点和所处环境的分析，借助相关方法，分析和识别影响我国新能源汽车产业发展的风险源，识别出关键的、不确定性高的、破坏性大的风险因素，构建未来风险可能的状态，通过具体的风险等级评价，在此基础上提出我国新能源汽车产业风险控制的对策与建议，为我国新能源汽车产业风险管理提供科学的方法和实现的路径，为降低我国新能源汽车产业风险，实现产业可持续发展提供科学参考。

首先是要识别出重要的风险源，以及通过不同风险因素交互关系识别出产业风险的具体现实图景，同时，还要通过利益相关者的视角，识别出未来重要的、不确定性高的风险要素，并由此构建未来的可能风险图景。其次是要通过风险评价获得关于产业风险的具体等级，从而对产业的整体风险水平有一个更为精确的判断，等级可能是"高、中、低"，或者是"关键、重要、一般"，或者是具体的量化数值，由于等级的获得是基于我国新能源汽车产业发展的背景条件之下，无法与其他国家进行比较，所以，仅仅一个风险等级是无法实现上述政策层面的目标的。进而，评价所获得的风险等级要想实现其真正的价值就要可回溯，在回

溯过程中能够获得更丰富的有价值信息，为指导实践服务。

（二）我国新能源汽车产业风险识别与评价方法的特征分析

现有文献分析偏重于静态分析和对风险类型的描述，缺少对时间因素的考虑，缺少动态性，尤其是指标体系法，动态性差且指向不明。为解决上述问题，本书所采用的我国新能源汽车产业风险识别与评价方法将具备以下几个特征。

1. 体现动态与相对静态分析相结合

对新能源汽车产业来说，无论是其自身产业还是所处的环境，都是在不断变化之中的，是一个动态过程。因此，产业发展过程中会呈现出不同的发展阶段，每一阶段风险也会呈现出各自的特征，各风险要素所发挥的作用也不一样。风险要素自身会随环境的变化处于动态变化之中，从一个相对平衡的状态经过动态变化之后又达到新的平衡状态。所以，在进行新能源汽车产业风险识别与评价的过程中要能够体现静态分析与动态分析的结合。

2. 识别与评价要着眼现实，更要关注未来

现实是出发的起点。新能源汽车产业风险识别与评价必须要着眼于现实，明晰产业发展的现状，但同时也要关注未来，关注未来的不确定性本身也是风险的题中之义。只有努力运用科学的方法去建构可能的未来，对现实才更具指导意义。

例如，分析新能源汽车产业的某种风险时，人们会先在脑海中构建一种关于未来风险可能的景象，或者是推演若干种可能的景象。进而，人们可以查找分析导致各种可能风险的内外在因素，还会用分析出的一系列因素正向推演风险，经过多次正、反向推演，丰富对现实与未来的本身及关系的认识。所以，在新能源汽车产业风险识别与评价过程中，要能够建立一种良好的现实与未来的联系。

3. 充分考虑利益相关者在风险识别与评价中的作用

对一个产业而言，战略的规划和制定与企业层次会有极大的不同，其更为复杂、影响与决定因素更多，涉及的利益相关者数量和构成也更复杂，所以，本书认为，新能源汽车产业的战略选择或未来发展不是一个简单的由决策层面确定或主导的问题，而是由包含决策者在内的更多利益相关者的各自判断和决策共同作用来决定。当然这种决定的前提是基于产业的现有发展基础和重要前提，如新能源汽车产业的技术现状和发展趋势、经济发展现状与趋势、竞争现状与趋势等。

研究新能源汽车产业实际更多的是在研究关于未来的问题，未来不能事先确定，但可能演变为不同的方向。这个方向取决于现在的利益相关者做出和将要做

出的各种各样的行动和决策。所以对我国新能源汽车产业风险分析与评价要充分考虑利益相关者的作用。利益相关者不仅包括专业的研究人员、行业的专家、企业的管理者，还包括与新能源汽车产业链相关的人员以及消费者。同时，根据风险识别与评价的需要，不同利益相关者在其中发挥的作用也是不一样的，如有时需要专家意见，有时需要个体决策意见，有时需要各类意见的综合。

（三）我国新能源汽车产业风险识别与评价研究分析

1. 关键风险源识别

该过程是要识别导致风险的原因，即风险的来源是什么。同时，要对这些风险来源进行详细分析，归类整理，并最终形成一个可供进一步风险动态识别和评价的指标体系，这样就实现了对新能源汽车产业静态视角下的风险形态的整体描绘。即通过相对静态的识别过程，回答了新能源汽车产业风险有什么，导致风险的风险源是什么，尤其是还要通过相关方法，识别出重要的风险源。

2. 基于因素间交互关系的风险识别

新能源汽车产业风险静态识别过程只是采取了将风险源或影响因素割裂开来的方式，而没有考虑因素间的交互关系。正如前面所述，因素间的交互关系将会呈现出产业风险的另一番图景，也更能加深对因素的理解与认识。

同时，随着时间的推移，这种交互的分析方法可以运用在不同的时间断面上，再对照不同时间断面上所获得的信息，可以分析出新能源汽车产业风险的动态变化。

3. 风险动态识别

在风险的动态识别中，动态性体现在两个方面，一方面是以动态的视角看待因素的变化，即把因素放在未来的一个时间段进行考察，具体通过对现状的分析和借助专家等利益相关者的意见分析因素的可能变化；另一方面则是在对因素动态分析的基础上，抓住关键要素，将这些关键要素按照不同的可能性进行动态的组合，力图构建新能源汽车产业未来可能的风险图景，通过风险的动态识别，回答了风险怎么样。

4. 风险等级评价

经过对风险的识别后，就要对新能源汽车产业风险的程度进行评价，获得一个定性或定量的风险等级，风险等级可能是"高、中、低"，或者是"关键、重要、一般"，无论用什么评价方法来确定风险的等级都是较为困难的，可能单纯的"高""中""低"并不能全面反映风险的程度，最终评价的等级结果也可能是"高""中""低"的成分各占多少。但不管怎样，只要评价的结果具有足够的科学性，能够提供足够多的有价值信息，对现实也就具有更多的指导意义。

二、我国新能源汽车产业风险控制的具体措施

（一）充分发挥政府在新能源汽车产业风险规避中的总体协调作用

1. 发挥国家级协调机构在产业风险规避中的作用

从国家层面来看，2013年11月，经国务院批复，由工业和信息化部牵头建立了节能与新能源汽车产业发展部际联席会议制度，以强化组织领导和统筹协调，加强部门间协同配合，解决新能源汽车推广应用中的重大问题，提高工作效率。在上述框架下，应该进一步强化机制对产业风险的规避功能，建立相应的工作机制和协调联动机制，明确产业风险预警和相应责任主体，解决产业实际发展过程中出现风险或潜在风险时，对风险的预判不充分，预警和响应不及时，从而错失良好的风险控制时机的问题。

2. 建立国家层面的产业风险预警与动态监测体系

通过整合各方力量，包括政府、科研院所、中介机构、相关企业等，建立科学的产业风险预警与动态监测体系。风险预警和动态监测体系要能涵盖产业外生性风险和内生性风险，对重点领域加强管控。

对于外生性风险源，尤其要关注技术突变风险、周期性风险和外部竞争风险，利用大数据技术等最新手段及时识别风险信号，建立相应的数据库资源，识别出关键的风险信号，重点监控，及时为政府和各产业参与主体提供产业风险预警信息。考虑到外生性风险的特点是风险影响范围广、风险可控性差，这就要求产业各参与主体能够根据外部风险预警信息，提前制定出产业外部风险应对预案，做到风险来临时能够及时作出响应。

针对内生性风险源，要加强对行业的运行情况的监测，很重要的一点是尽快建立新能源汽车产业统计制度，以便获得全面、规范的产业发展数据，更好地识别产业风险。

3. 建立全国性的产业风险信息共享平台

对各产业参与主体而言，及时、准确、全面地掌握新能源汽车产业风险信息至关重要。通过建立全国性的产业风险信息共享平台，坚持信息对等的原则，确保相关人员对风险信息的知情权和获取权。当然，建立全国性的新能源汽车产业风险信息共享平台并不是说平台的建设与运行都由政府包办，而是要借助中介机

构的专业优势和市场化力量,通过信息购买或成本补贴的形式,或建立一种创新的利益交换补偿机制,确保信息交流通道的顺畅,降低信息置换过程中的时间成本和经济成本。产业风险信息具有特殊性,有些信息可能关系到国家经济安全,或涉及企业的商业机密。根据安全需求对产业风险信息进行相应分类,对于可以全面公开的信息要全面向各参与主体公开,对于可部分公开的信息则进行部分公开,对于涉及经济安全或商业机密的风险信息则通过特殊渠道进行信息传递。

(二)努力降低新能源汽车产业政策风险

我国新能源汽车产业政策主导色彩比较浓厚,产业各主体对政策的依赖倾向较为严重,同时也造成了各主体更关注政策的走向,并综合产业各方面信息建立自己的预期,政策的不确定性和预期的不确定性会增加产业风险形成复杂性,以及风险管理与控制的复杂性。所以明确的政策导向和以市场主导、政策引导的发展思路对于降低我国新能源汽车产业政策风险极其重要。

1. 明确新能源汽车产业政策导向

新能源汽车产业的发展需要政府给出明确的政策导向,这样才能提高各产业参与主体对未来的预期,增强信心,才可能持续地投入新能源汽车产业,才能让中国汽车工业在新能源汽车领域实现"弯道超车"。

目前从我国新能源汽车产业发展实际情况来看,很多规划的目标并没有按期完成,如我国在新能源汽车首批推广工作中,公共和私人领域分别完成推广目标的60%和不足10%。在此情况下,为了扭转人们对新能源汽车产业发展的观望心态,明确的政策导向变得更为重要。

要做到明确政策导向,就必须保持新能源汽车产业政策的持续性和一致性。这就要求政策制定部门对现有的政策要进行全面的梳理,及时发现可能存在的政策不一致和不持续问题,尽快扭转。最高政策制定部门要做好总体统筹,完善我国新能源汽车产业发展政策体系,形成长期稳定的激励和约束机制,给产业发展清晰、明确的指向,稳定各参与主体的政策预期。

2. 充分贯彻市场主导、政策引导的发展思路

发展新能源汽车是一项系统工程,在研发、示范和市场导入初期需要一个有利的政策环境。政策要以培育良好的新能源汽车发展环境为出发点,逐步确立市场主导地位。通过制定引导性政策,使社会各方力量形成合力,构建中国特色的新能源汽车产业发展环境,推动我国新能源汽车产业快速、健康发展。充分发挥各政策工具的优势,逐步减少直接干预政策比重,增加间接调控政策比重,发挥

政策杠杆作用,调动新能源汽车相关参与主体的积极性、主动性,减少对政策的依赖性。同时,在充分借鉴国外经验和结合我国自身实际的基础上,在政策上要有所创新,如将碳排放交易的思想引入新能源汽车产业,或借鉴美国加州汽车生产企业零排放车(Zero Emission Vehicle,ZEV)规定,制定实施基于汽车企业平均燃料消耗量的积分交易和奖惩办法,在考核企业平均燃料消耗量时对新能源汽车给予优惠,鼓励新能源汽车的研发生产和销售使用,促使和激励企业研发并提高新能源汽车产销量,使企业发展新能源汽车成为自动自觉的行为。

强化政策对新能源汽车产业链构建的支持。以往的扶持政策更多的是关注产业链的末端,即对整车企业或消费者从财税方面的支持较多,这样短期效益明显,但容易造成企业对政策的过度依赖和企业投机行为,进而导致企业创新动力不足。本书认为当前我国需要从新能源汽车全产业链的视角,抓住重点和薄弱环节,通过政策的引导与支持寻求突破。当前需要进一步完善相关的财政、税收、金融等支持政策,在财政补贴政策方面,出台除购买环节以外的,科研、贷款、充电加气站建设用地和售后服务等全方位的优惠政策;在税收政策方面,制定研发环节、原材料环节、生产环节、消费环节、保有使用环节全产业链的税收优惠扶持政策;在金融政策方面,鼓励有技术优势、市场前景好的电动汽车整车和零部件企业,通过发行企业债券、短期融资券、中期票据和股票,广泛吸纳社会资金或在资本市场上筹集资金。

3. 建立新能源汽车产业政策实施效果评价机制

定期评估政策实施情况,开展政策实施后的效果评价和调整研究,不断完善相关措施。由于新能源汽车产业内外部条件和环境的变化,产业政策实施的效果具有很大的不确定性,这就要求政策制定部门能够及时地对产业政策实施效果进行动态监控,并适时地进行效果评价,发现问题,及时对政策进行完善调整。而且建立新能源汽车产业政策实施效果评价机制有利于奖优罚劣,更好地发挥激励功能,也有利于提高政策的制定和执行的质量与效果。

(三)建立合理的风险分担和利益共享机制

发展新能源汽车产业涉及技术、市场、政策等各类风险,但不同参与主体所承担的风险是有差异的。汽车厂商往往要承担以上大部分风险,而且汽车厂商所承担的风险可控性、可测性更差;基础设施建设企业(如电力公司)所承担的风险比整车企业稍小一些;终端使用企业(如公交公司等)等所承担的风险相对较小,而且风险的可预知性较大。同时,不同主体的收益情况也有差异,目前在普遍面临低利润或零利润风险的情况下，主体享受政府的补贴多，则收益预期也较高，反之则低。这种风险和收益的分布不均，显然不利于调动所有主体的积极性，并且不利于增强整个产业体系运行的稳定性。因此建立健全的风险分担机制是非常有必要的，是实现新能源汽车产业利益相关者互利共赢的保障。

1. 鼓励社会资本参与新能源汽车领域

要完善新能源汽车金融服务体系，满足新能源汽车生产、经营、消费等各环节的融资需求，大力拓宽融资渠道，鼓励社会资本参与新能源汽车生产和运营服务。也要鼓励非银行金融机构加大力度支持对新能源汽车产业融资，如保险公司可以开发新能源汽车筹措资金的风险保障项目，增强新能源汽车产业的信贷能力。社会化金融服务也能够为发展新能源汽车产业提供资金支持，是发展新能源汽车产业一个非常重要的市场力量。

2. 创新新能源汽车产业商业模式

由于受我国传统汽车产业格局以及不同区域条件差异的影响，不同城市或区域建立了各具特色的新能源汽车产业商业模式。我国新能源汽车产业商业模式正处于探索阶段，要通过市场的不断检验，最终要确立一个或少数几个可以全面推广的成熟商业模式。同时，必须要认识到，由于我国新能源汽车产业正处于产业化前期阶段，商业模式走向成熟的过程是产业各发展要素逐步成长与完善的过程，也是商业模式不断创新的过程。创新的商业模式要求从全产业链的视角，通过对价值链的重新梳理，了解各个环节、各个主体创造价值的过程和投入产出情况，抓住价值链的梗阻环节，让产业链各环节企业分摊不同特性成本，形成产品价格的市场竞争力。这种创新的产业商业模式，能够让整个产业分别通过产品销售和服务两大方面赢得利润，从而积极地调动多方参与基础设施建设和运营的积极性，尽快形成合理的利益分配机制和开放、可持续的基础设施运营机制。

（四）努力提升产业核心能力

1. 完善我国新能源汽车产业科技创新体系

新能源汽车产业的核心竞争力是其所拥有的创新技术和优秀的产品质量。技术创新、产品创新更重要的还是理论的创新和管理模式的创新，因此应建立适合经济社会需要和新能源汽车产业发展的科研体系，为理论创新、技术创新提供良好的环境基础。目前从国家层面来看，我国新能源汽车行业已经建立起比较完整的技术创新体系，但现有体系有待完善。新能源汽车产业科技创新体系要以基础研究为基础，以关键技术为核心，多种生产技术与之匹配，包括产业共性技术和关键技术的特定结构的技术体系。新能源汽车产业科技创新体系应该包括技术储备体系、技术识别体系、技术生成体系、技术评价体系、技术吸收体系、技术标准体系、技术组织与控制体系等。同时在整个体系中，围绕着关键技术突破、技术产品实现，建立包括利益驱动机制、社会激励机制、运营机制、扩散机制、保障机制和优化机制等。

我国新能源汽车产业科技创新体系的构建必须要着眼产业全局和全产业链。同时，也要放眼国际，加强国际交流与合作，积极开展与美国、德国等国家和相关国际组织在新能源汽车前沿基础技术研究、测试与标准规范制定、联合示范与考核、技术发展路线图等方面的合作。

2. 加快产业标准化建设

标准化是在经济、技术、科学及管理等社会实践中，对重复性事物和概念通过制定、发布和实施标准，达到统一，以获得最佳秩序和社会效益的行为。标准化是国民经济和社会发展中一项重要的技术基础工作，是推动经济发展和技术进步不可或缺的因素，也是中国新能源汽车产业化发展的重要技术保障。标准化所带来的统一和最佳秩序也会对新能源汽车产业风险的规避发挥巨大作用。

新能源汽车产业标准化建设要由国家专门机构进行统筹管理，严格明确相关单位权责分配，建立健全行业标准，并提升标准的可操作性和实用性，统一标准和目录。各地区要严格执行全国统一的新能源汽车和充电设施国家标准与行业标准，要严格控制地方性的新能源汽车和基础设施标准的制定与实施。新能源汽车标准建设要有前瞻性，要能紧跟世界新能源汽车技术发展步伐，掌握相关技术前沿，明确未来技术发展趋势，制定我国新能源汽车自主创新的技术标准法规体系战略，逐步形成适合我国新能源汽车产业发展、具有国际竞争力的新能源汽车标准法规体系。要重点突破当前急需解决的标准建设问题，积极协调各利益主体间的关系，尽快完善电池尺寸、充电电压、通信协议、充电站设计等制约产业进一步发展的标准建设，为大规模示范和产业化提供技术标准法规支持。

此外，还要深度参与国际新能源汽车标准制定与建设工作，逐步建立与国际接轨的标准体系，在制定和不断完善我国新能源汽车相关标准的基础上，针对新能源汽车涉及的各种已有和未制定标准，开展国际交流与合作，争取在优势产品和技术领域发挥主导作用，为我国新能源汽车产业争取更多的国际话语权。

同时，要加大新能源汽车产业标准化工作的宣传力度，为标准化工作的顺利开展创造良好的舆论环境。

3. 做好技术和人才储备

新能源汽车产业作为新兴产业，技术和人才是最为核心的发展要素。新能源汽车技术作为新兴技术，需要一个庞大的技术群作为支撑，技术群中既包括基础技术、前沿技术，也包括正在形成的技术以及成形的技术。人才是知识经济的核心资源，任何产业的发展都需要各类金融、风险投资、高技术等相关的人才，只有充分发挥人的积极性才能促进一个产业的发展。随着我国新能源汽车产业不断发展和壮大，客观上需要一大批新能源汽车产业专门人才与之相适应。所以，提前做好新能源汽车产业技术和人才储备是十分必要的。

在技术储备方面，要瞄准国际前沿技术，要攻克以新型动力电池、储能系统、燃料电池、驱动系统、整车控制和信息系统、充电加注、试验检测等共性关键技术以及整车集成技术等为代表的一批前沿高端难点技术。开发出具有关键技术综合集成性、先进成果展示标志性、系列化、高级别新能源汽车，深入开展下一代新能源汽车自主创新研究，为产业中长期发展做好技术储备。

同时，要处理好自主与引进的关系，要以自主研发为主，技术引进为辅，对现有的技术要认真评估，确定自主与引进的技术目录。对于产业发展急需的技术或考虑到成本因素，有些技术经过认真论证，完全可以采用技术引进或合作研发的方式获得。

新能源汽车专业人才是能够掌握国际国内新能源汽车技术发展状况以及相关企业发展动向、了解新能源汽车行业的发展战略以及相关政策举措、具备新能源汽车专业技术知识的人才。在人才储备方面，政府应该着力完善人才培养体系，为汽车产业的发展以及新兴产业的崛起提供有力的人才支持，以国家专项工程为依托，引进和培养一批国际知名的领军人才，加强与新能源汽车有关的电化学、新材料、汽车电子、车辆工程、机电一体化等相关学科建设，培养技术研究、产品开发及管理人才。实施人才引进计划，鼓励企业、大学和科研机构从国外引进专业人才，积极开展产、学、研合作。通过本土培养和"筑巢引凤"相结合，加强国内新能源汽车产业人才供应体系建设。

（五）建立国家级新能源汽车产业技术联盟

目前，我国各地按照区块划分在全国范围已经建立了数十家各类新能源汽车产业联盟，但各类联盟发展水平参差不齐。从实际运行效果看，很多联盟还处于概念阶段，联盟的功能定位模糊、组织松散，运行机制没有建立，联盟的功能并没有充分发挥。而且从产业整体来看，这种分散的联盟组织也容易造成对市场的分割、资源的分散，形成不了合力。所以，需要建立一个国家级新能源汽车产业技术联盟，联合整个产业链的各个主体，组建以产学研合作模式为核心的产业技术联盟，加快新能源汽车产业从技术研发到产业化生产和市场推广的商业化进程。国家级联盟要明确自身功能定位，运行机制，捋顺与区域联盟的关系，各自发挥自身应有功能。

（六）加强我国新能源汽车产业品牌建设

无论是对于一个企业，还是整个产业，品牌是综合实力的象征。培育品牌的过程就是不断提升产业核心竞争力的过程，也是稳定现有市场、开拓和占领全新市场的重要途径。世界汽车企业巨头发展成功经验表明，品牌建设是发展新能源汽车产业不可或缺的重要工作内容。培育我国本土新能源汽车品牌可以从以下几个方面着手：①培育几个具有世界影响力的新能源汽车产业集群。②打造几个具有国际示范功能的新能源汽车推广示范城市或区域。③培育几个国际知名的关键零部件企业与整车制造企业。④培育几个国际知名的关键零部件品牌和汽车品牌。

三、加强我国新能源汽车产业软环境建设

（一）文化环境建设

创造低碳环保的消费文化氛围，提高整个社会的环保意识，使消费者转变消费模式，养成低碳化、低能耗的消费习惯，提升消费质量，追求文明消费。全社会应形成低碳消费氛围，引导消费者树立与低碳消费相协调的价值观和消费观，更多地让消费者感受低碳交通出行对环境改善的作用，鼓励低碳消费，汽车消费要以追求绿色、健康为导向，改变以高耗油汽车为主的消费结构。培育购买、使用新能源汽车的消费文化，提高消费者认知。

发展新能源汽车产业离不开创新商业环境的培育及企业家创新精神的塑造。要创造有利于新能源汽车产业发展的创新文化环境。构建创新文化必须融合东西方文化，以中华民族优秀的传统文化为本，吸收一切优秀文化，提炼融合，积极倡导进取、开拓、创新、合作精神，努力塑造有利于我国新能源汽车产业的创新文化。文化创新应以培养创新精神为导向，培养和树立创新精神，使广大民众崇尚创新，积极投身于创新活动。一方面创新主体要敢于探索和冒险，勇于标新立异、开拓进取、坦然面对挫折和失败；另一方面，在创新主体间要形成团结协作、公平竞争、宽容和谐的良好文化氛围，共同寻求创新和

突破。

加强宣传引导和舆论监督。当前,消费者对新能源汽车品牌、驾驶性能、节能减排、国家优惠政策等都缺乏了解。各有关部门和新闻媒体在新能源汽车宣传普及过程中不仅要宣传新能源汽车的品质,特别是强调其安全保护方面的技术措施,还要通过多种形式大力宣传新能源汽车对降低能源消耗、减少污染物排放的重大作用,组织业内专家解读新能源汽车的综合成本优势。要通过媒体宣传,提高全社会对新能源汽车的认知度和接受度,同时对损害消费者权益、弄虚作假等行为给予曝光,形成有利于新能源汽车消费的氛围。

(二)法律环境建设

新能源汽车产业化的顺利发展离不开法律的保障。从国内外新能源汽车产业发展政策导向上来看,国外国家一般倾向于利用严格的环境保护法案,并将新能源汽车产业政策纳入相关法律的内容,间接引导和控制企业行为,用法律的手段保证了政策的权威性和强制性,保障了新能源汽车政策的有效实施。同时,在具体法规内容的设计上更具创新性和灵活性,为企业留有自我选择空间。我国应该认真汲取经验,在探索促进新能源汽车产业发展的政策手段时,要能够开阔视野,把新能源汽车产业放在一个更大的宏观环境下考察,完善相关法律法规,为新能源汽车产业化发展提供法律依据和法律保障,形成新能源汽车产业稳定的发展环境,能够灵活运用法律和行政两种手段,发挥各自优势,全面促进新能源汽车产业化的可持续发展。

第一,需要加强专项立法。在立法的过程中,一定要明确地界定产业政策所发挥作用的边界,注重市场机制作用的发挥。

第二,需要加强产业政策的立法。政府应抓紧制定指导汽车产业可持续发展的产业基本法,并以此基本法为依据进一步制定和完善新能源汽车产业促进法。

第三,要加强知识产权立法。对于以知识密集、技术密集为特征的汽车产业而言,在完善新能源汽车产业的整个过程中,相关部门一定要重视将法律与该产业特点相结合,根据不同的产业特性确立不同立法标准,扩大知识产权相关法律法规所能够保护的范围。

第四,要加强管理机构立法。可以考虑通过设置委员会的形式来整合和提升执法机构的权力和能力,确保法律的权威性和可行性。

第六章 保障中国新能源汽车产业发展的措施

第一节 政策引导,营造公平的产业发展环境

本书以消费者行为学、微观经济学和实验经济学为理论指导,以选择实验为主要研究方法,以焦点小组讨论和结构性访谈为数据采集方式,以计量模型为主要统计分析工具。先从供给和需求两大视角,提炼出"驱动新能源汽车市场发展的关键要素模型",即新能源汽车市场的五大驱动要素:能源可得性、技术成熟度、消费便利性、消费经济性和消费心理,并引入原油价格、国民经济和节能减排需求三大宏观变量,构建出七大要素二维对标体系,同美、日、欧发达国家进行对标。总体看来,我们认为政策的制定必须符合新能源汽车产品战略体系规划,体现为宏观能源供需、产业链环节和产品、市场三大政策布局,以及针对五大类市场驱动要素具体举措,即综合运用经济扶持、配套跟进和概念营造等措施,把政策重心更多放在对需求端的刺激上。

一、新能源汽车发展的政策布局

政策布局的着眼点在于政府通过立法和绿色税收手段,引导市场降低对化石能源消费的依赖,同时拓展多元化的能源供给方式。

(一)通过立法强制改善能源消费结构

为降低能源消耗,提升新能源汽车的相对优势,采取如下措施,强制改善能源消费结构,以此推动汽车工业对石油资源依赖程度的降低和汽车能源动力系统的转型:①制定温室气体排放标准(规定二氧化碳排放量减少程度、燃油经济

性提高值等关键指标）。②制定可再生燃料标准（该标准明确指出必须在汽油中加入特定数目可再生燃料且每年递增）。③在部分中小城市试点，对汽油、天然气和煤炭等化石燃料的使用征收碳排放税。④建立居民、企事业单位燃料消耗量的税收奖惩制度（需要配套制定节能效率的评价体系）。⑤通过奖惩措施，约束厂商研发并生产低油耗汽车。近期和中期，如果所生产车辆的总体二氧化碳排放量超过限值，则以逐级递增的方式对每辆车征收罚金；远期，只要超出了限值，处以高额罚款。反之，对碳排放量低于某一阈值的超低排放车辆则给予额外奖励。

（二）实现能源供给多元化

合理规划和提前布局，加大对太阳能、水利、地热、潮汐、核能、风能、氢能等新能源开发的投资力度和税收鼓励；借鉴德国电网系统成熟的经验，建设一体化便捷传输的电网，对发电、输电、配电采用垂直一体化的高效管理体制。

（三）产业链环节布局

产业链环节政策布局的着眼点在于政府通过标准制定、准入控制和协同整合，强化产业链发展瓶颈，完善产业链配套环节，合理布局和分工，加快产业链的形成，倡导公平竞争的市场秩序，避免低水平重复建设等短视行为。

（1）执行技术标准从严，市场主体从宽的产业准入政策。改革汽车生产企业管理体制，创造有利于新企业进入的管理环境。对新能源汽车相关企业发放与传统汽车厂商不同的牌照，加快厘清新能源汽车产业相关领域的准入条件，制定和完善项目审批等相关管理办法。执行技术标准从严，市场主体从宽的政策，以营造公平竞争的环境实现创新发展，鼓励各路资金特别是民间资本的进入（尤其是纯电动车及配件生产研发领域）。

（2）多管齐下促进产业发展，锁定关键环节，完善产业链。政府应多管齐下，采取诸如设立专项资金/扶助基金（各企业、团体通过竞标的方式获得）；政府采购扶持；在土地、贷款、税收、人才引进等方面给予优惠政策等多种手段扶持新能源汽车及相关基础设施的研发、生产、建设、推广和服务公司。同时，鼓励发展新型业态，引导民间资本设立创业投资和产业投资基金，支持民营企业进行投资，鼓励开展国际合作。

政府应优先扶持产业链上处于关键但尚薄弱的环节，主要是电池生产厂商、纯电动车厂商和电池运营商。当前主体缺失严重的是电池运营商，这类公司需以快速能源补给为优先导向，负责电池的统一管理，包括电池充电、维护、升级、调配、租赁、回收和为电网－消费者匹配需求等。政府急需引导建立完善的新能源汽车动力电池售后服务平台及回收体系，解决好电池二次使用、二次销售、二次加工和原材料回收再利用。为避免行业垄断，电池运营商的角色不宜由电力公司来承担，应由第三方来承担，而且这类公司因必须具备专业的技术、人力、设备和网点，须取得相关资质方可进入市场。

（四）产品与市场布局

无论从占据全球新能源汽车发展制高点的战略目标出发，还是从消费者需求端出发，纯电动车产品都将是未来中国新能源汽车发展的主流方向。而近期，考虑到消费者消费习惯和技术成熟度问题，不能忽视混合动力汽车的发展，尤其是其对节能环保概念的普及所起到的作用。优先发展微型、小型纯电动车，重点推进轻度与中度混合动力乘用车和混合动力城市公交客车的产业化应用，加快中度混合动力汽车的研发和产业化，发展替代燃料汽车。

从大城市公务市场（如南京、北京和广州等购买意愿高的城市）和中小城市私人市场起步。大城市优先推动各企事业单位、政府机关大批量选购新能源汽车（公交车、服务用车、出租车、公务用车等），私人市场优先推动更多家庭把新能源车作为购置第二辆车的选择。

引导和鼓励企业基于消费者的独特需求，设计差异化的新能源汽车车型及营销方式。例如，在中小城市，因城市交通需求以短途为主，可以多提供续航里程短等配置相对较低，但售价更容易被消费者接受的产品。

对于试点运营纯电动车的城市或区域，可因地制宜地给予推广期不限制权，即在推广期，购买纯电动车的消费者有权享有不受原有汽车消费限制政策制约的消费优惠。例如，北京地区对于非本市户口的居民购买车辆给予的限制，在购买纯电动车的时候有权不受限；上海地区对于车辆牌号发放的限制，在购买纯电动车的时候有权不参与车牌拍卖而拥有市区车牌等。

二、新能源汽车产业发展环境优化

（一）能源可得性

对纯电动车的电力供给给予优惠的采购电价，或者电力消费返还。这两种政策的差别在于获得补贴的结算时点和受益者不同。

优惠的采购电价,是从用电单位获取用电额度的时候就进行谈判沟通,并确认下来的。例如,纯电动车市场充电桩运营商,按年度用电量向电力公司购买优惠电价,其受益者是纯电动车市场的充电桩运营商。

电力消费返还,是使用者在已经消费了相应电量之后,针对已消费部分获得的一定额度返还,其受益者是通过特定电表结算的已充电纯电动车消费者。

两种政策的使用效果不同,前者对于鼓励纯电动车充电桩运营商的成长从而鼓励纯电动车商业模式的成熟有重要意义,后者对于商业模式确立后,鼓励消费市场的推广和成长有积极作用。

(二)技术成熟度

针对技术成熟度的相关政策主要着眼于大力推进企业自主创新、掌握核心技术群,培育世界领先的新能源汽车技术优势。实现电池、发动机及充电网络控制关键技术突破,打造资源互动平台,鼓励技术交流及多元化。

(三)消费经济性

针对新能源汽车购置成本的政策着眼点在于全面落实绿色补贴和税费减免,弥补新能源汽车实际价格与消费者心理价格或传统汽车价格的差距,引导市场主流车型(纯电动车)实现实际购置价格不高于20万元。基于消费者选择的经验,针对购置成本过高,我们提出两大政策导向——以成本最小化为导向的价格控制策略和以市场规模最大化为导向的价格竞争策略。价格控制策略即控制实际交易价格,将补贴投放到研发端,降低厂商成本。例如,根据直接原料成本或科研支出给予一定比例的补贴或税收减免;根据自产零部件比例给予补贴,提高新能源汽车的国产化率。设定补贴标准后,有关部门可派遣专家组进行实地调研,严格控制补贴门槛,有针对性地投放研发资金。价格竞争战略则提倡厂商自由定价,将资金投放在消费端。例如,根据购置价格与传统车价格落差的百分比确定补贴额度同时设定补贴上限。又如,根据汽车的不同排放水平、节能量大小给予不同水平的补贴额,纯电动车补贴额度高于混合动力汽车补贴额;1.6升及以下节能车型补贴额度最高,其次为1.6~2.5升车型。

着眼于让消费者能够直接、直观感知的经济类杠杆,特别是针对纯电动车:首先考虑级差型一次性补贴奖励;其次为不同程度地减免车辆购置税,以及提供低息贷款;最后为个人/企业所得税抵扣,以及更为简便的交易手续。此外,可逐步引入对高碳排放车型的级差型惩罚机制。

对于以旧换新情况,按新车节能比例及旧车使用年份给予不同补贴,新车节能比例越高，旧车使用年份越低，补贴比例越高。

租赁或分期付款模式也是值得尝试的措施。例如，车主可以买车不买电池，而向公司租赁或者换用电池，用户只需支付电费和适当的服务费，减轻新能源汽车用户的负担。

针对新能源汽车运营成本的政策着眼点在于综合降低消费者在时间、金钱及体力等方面的使用成本，制定以消费端补贴为主的政策导向。具体扶持形式可以考虑为消费者提供各项使用费用减免或享有额外的保障和便利：①考虑牌照费、路桥费、停车费、充电费减免（普及电费的分时计价，拉开峰-谷电价的差距等）以及享有专用/优先停车位。②考虑提供特殊车险、车船税减免、不受单双号或车牌号限制。③考虑提供新能源汽车公积金和专用车道行使权。④以电池租赁、转移支付或分期付款的模式，降低新能源汽车的使用成本，使消费者每月对电池的支付加上充电成本低于相当性能的燃油车每月成本。⑤制定电池和电机驱动系统的售后服务标准，并以电池寿命保险、电池更换协议等方式落实推广。

（四）消费便利性

针对新能源汽车消费便利性的政策着眼于鼓励换电模式在特定区域的开展，并给予商业模式各环节不同力度的资金补助。例如，对充/换电点运营商设定准入门槛，对符合标准的运营商发放牌照；对独立的运营机构给予低息贷款或所得税减免，鼓励其整合产业链资源；结合消费者用车习惯和心理特征，对充电设备的技术和充/换电点的布局给予产业指导，发布产业规划。

1. 能源补给政策

基于消费者选择实验结果表明，充电时间对消费者有显著影响，因此针对能源补给技术的政策着眼点在于缩短充电时间以及让消费者对电量公平计量计价形成明确感知。例如，设定充电设备技术标准，从充电速度和对电池的损伤两方面进行评级，根据评级对充电设备制造厂商给予补贴；从参与全球竞争的角度来看，由于全球对充电设备标准的争夺仍在进行当中，因此可以对进口充电设备征收较高的关税，设置一定的进口壁垒，为本土设备厂商争取一定的研发时间；通过为专用充电桩补贴建设及用电成本和对缩短充电时间的项目设立专项基金或抵税。

现阶段在私人领域和出租车领域的新能源汽车市场适合以充电模式为主；而在公交领域、部分出租车领域及三线城市私人用车领域，可以尝试推广换电模式，对电池运营商给予一定的补助；统一包括电池型号/尺寸、电池寿命、电压、充电接口、能源消费量、充电时长、充/换电流程、充电装置的有效性评估等与充/换电相关的内容在内的技术标准。

2. 能源补给覆盖率

基于消费者调研数据分析结果表明，能源补给覆盖率对消费者并没有显著影响，但对于能源补给的覆盖地域有明显偏好。因此，针对能源补给覆盖率的政策应以合理布局能源补给技术为优先导向，引导企业构建低成本且快速高效的电池能源供应网络，以满足消费者对充电地点及充电技术的需求。

在政策宣传推广层面，突出强调在市区主要停车场建设充电站以消除消费者的购买疑虑；而在充电设施建设的执行层面，则应提倡大力建设家庭、社区和工作场所的充电设施；在充电服务网络布点方面，对一二线城市，应将大部分充电点设在住宅区（私人车库、社区停车位）和工作区内（充电桩为主），其他则安装在现有市区主要停车场、加油站和道路两侧等公共场所（集中充/换电站为主）。对于三线城市，则应优先布点集中的充/换电站。在标准制定方面，制定针对不同地点的充电地点检测、充电设施安装标准，鼓励快充、中充、慢充装置的区域性并行发展，满足消费者在住宅区/工作区慢充模式（优先）和集中地大型充/换电站、加油站等公共场所快充/换电模式（补充）自由切换的需求，同时降低设施安装事故的发生率；在运营方面，给予运营商在周边软件开发上的研发资金资助，鼓励运营商对充电行为进行跟踪管理和数据收集，通过不断更新消费需求，构建一个灵活高效的充电网络。以消费者使用电量和使用频次综合考察运营商的能源补给技术布局效率，实行对运营商的退税制度。

（五）消费心理

通过消费者调研数据分析结果表明，消费者环保态度与认知对新能源汽车的购买意愿起到显著影响作用。因此，针对消费心理的政策着眼点在于提升消费者认知并能准确把握不同时期消费者诉求点的变化进行市场宣传。

加大对政府立法/规划、优惠政策出台、专项基金/重点技术攻关项目设立、政府采购导向和示范/试点成果的宣传，彰显政府推动新能源汽车的决心和力度；以对新能源汽车推广重要性予以很高评价的二三线城市作为先行先试地区，创建新能源汽车既经济又环保、适合市内短途交通、作为第二辆家用车对汽油车的使用形成有效互补的用车文化和氛围；宣传策略应遵循消费者认知规律，改变传统的一味宣传环保的思路，从强调新能源汽车功能性改善入手，在市场显现出一定认知程度后，逐步过渡到强调功能性与环保性并重；通过与传统汽车对比的方式，重点宣传对消费者选择新能源汽车有显著影响的要素，如价格、燃油/充电成本、一次性补贴方面的优惠，以及充电时间/地点的方便快捷等。

以上我们从政策总体布局和契合新能源汽车市场五大驱动要素的专项政策两个部分给出了政策建议。这些建议都是针对市场处于起步阶段的特点给出的，随着市场的不断发展，政府应该结合新时期的特点对已实施过一段时间的政策进行评估和调整。例如，根据供给量和需求量的对比变化调整政策走向和倾斜重点：成本降低空间大时，补贴重点倾向于技术进步，成本降低空间有限时，补贴重点倾向于消费端；对试点政策给予普遍推广或终止操作。但是，总体上应保持终极目标的一致性和主体政策的连续性。

第二节　完善新能源汽车基础设施建设

一、基础设施规划与建设方面存在的主要问题

（一）基础设施建设的规划理论不健全

针对新能源汽车应用的充电站建设规划布局理论尚未完全建立，各地的充电站建设尚处于定点示范建设阶段，尚未完全建立起与车辆应用、电网规划和城市规划相结合的充电站布局选址理论。另外，充电站建设的规划与布局还面临着供电能力、服务能力与城市用地紧张的现实矛盾。

（二）基础设施尚无完整、统一的国家标准体系

中国新能源汽车及其基础设施还处于发展初期，基础设施尚无完整、统一的国家标准体系，已建成的设备存在接口各不相同、互不通用的问题，另外车用动力电池规格、接口及特性也不尽相同，这给基础设施的通用性提出了更高要求。

目前，不同的行业协会和地方主管部门都在积极制定标准，但是所制定的标准对基础设施的具体要求也不完全一致。因此，需要尽快明确基础设施的标准管理部门，做好相关的标准化工作。

（三）新能源汽车基础设施补贴政策有待出台

2009年初，中国财政部和科技部都出台了加快新能源汽车发展的优惠鼓励政策，但缺乏针对充电基础设施建设的具体鼓励政策和落地性方案。在目前

的现实条件下，新能源汽车产业刚刚起步，车辆使用规模较小，为保证车辆使用便捷，必须建设相对完备的基础设施。基础设施的建设需要大量投入，其运行服务收入远小于其建设运行成本，因此需要政府出台一系列优惠政策予以支持。

（四）充电站的投资及运营模式有待研究

纵观国外，尚无成熟的新能源汽车能源供给运营模式，在世界范围内尚处于边探索、边积累、边推广阶段。目前，国内的公用基础设施基本处于试验示范阶段，尚缺乏对商业化运营的投资规模和运营模式进行的全面估算和评价，因此政府也难以出台行之有效的扶持政策。

从目前新能源汽车的发展情况看，新能源汽车主要集中于大城市，但在大城市建立充电站成本高昂，土地租金和电力增容等费用不易具体计算。同时，要发展新能源汽车，充电站等配套设施必须完善，仅建立少数充电站无法解决大量新能源汽车的能源供给问题。

二、基础设施商业化及服务模式存在的问题

（一）充电模式选择上存在分歧

新能源汽车充电模式的不同，也是目前各大企业角力的焦点，就连电动汽车生产阵营，也因不同的充电模式形成两大派。包括一汽、东风集团、奇瑞、吉利乃至海马汽车、众泰汽车在内，国内销量排名前30位的大部分汽车公司均已有电动车发展计划。各家企业推行的充电模式还存在重大冲突。目前，国内车企主要以插电式充电模式为主，部分企业使用换电模式。

（二）充电站的商业运营模式未确定

目前，国内建成的新能源汽车充电站和在建的充电站各有不同，由电网公司牵头建设的充电站主要提供充电服务，部分充电站还提供换电服务。而石油公司则打算把现有的加油站改造成集充电、换电、加油于一体的综合服务站。然而，这两种充电站都存在问题：充电站主要解决充电接口问题，但新能源汽车的充电比较费时，快充有损电池使用寿命，而换电则因目前新能源汽车电池标准未统一而无法建立完善的换电体系。而加油站改造为充/换电、加油一体站也并不容易，加油站自身所用的功率相对较小，而给新能源汽车充电则需要提供更大的功率，石油公司必须对现有的加油站进行改造，改建成更高的工业用电，这就需要电网公司的支持。

（三）"换电"模式需完善推广

从商业运营的角度来看，电池更换站模式理论上是一种比较理想的商业模式。但是这种模式目前存在管理、技术和商业上的困难，从中国新能源汽车工业目前的发展状况来看，在短期内难以大规模推广。当前，中国可选择部分具备条件的城市作为电池更换站模式的试点，并逐步在全国推广该模式。

三、新能源汽车基础设施发展建议

（一）加快充／换电基础设施发展规划总体布局

降低能源消费对进口石油的依赖迫在眉睫，而目前中国新能源汽车及基础设施发展状况决定了我们在新能源汽车能源供给方面要走"总结经验、加强规划、适度超前、不断完善"的发展之路。目前，中国正积极制定新能源汽车发展规划，政府有关部门应制定并颁布切实可行、符合中国当前国情的发展规划，明确新能源汽车发展的时间表、路线图和配套细则，更好地引导新能源汽车产业的发展。

1. 与电力基础设施规划紧密结合

充／换电基础设施是连接新能源汽车与电网的纽带，当新能源汽车规模化发展以后，基础设施将对电网系统产生显著影响，因此基础设施的建设需要与电网建设紧密结合，充分发挥电网企业的相关资源优势，并对其进行统一规划。新能源汽车基础设施也应纳入电网的规划，在设计城市、小区、写字楼以及高速公路区、公共停车场等时，应将新能源汽车的电力需求考虑在内。从长远来看，充电基础设施应当作为新建建筑物的标准配置。

2. 与城市建设及交通规划紧密结合

充／换电基础设施作为一个公共服务平台，还应与交通、运输和市政规划相结合，纳入城市总体规划。

相关部门应颁布法规，将新能源汽车基础设施建设纳入城市和交通体系总体规划，减少重复投入。在新建城区的交通布局规划方面，需要考虑基础设施与新能源汽车租赁点，并通过信息系统完成业务；公共交通应建立大型公交－出租车－电动车租赁的三位一体系统。通过车联网交通调度系统，实现最低限度的出租车闲置，提高公共交通的利用率和效率。

现阶段充电站数量很少，而新能源汽车的续航里程短又要求数量众多的充电站，因此为了促进充电站网络的形成，专门为私人用车提供充电服务的充电站的建设可以依托于石油企业庞大的加油站网络，通过对加油站的配电设施进行局部改造，并添加占地面积很小的充电桩实现。

3．与新能源及可再生能源规划紧密结合

建议在充电基础设施的电能来源规划中，进一步增加可再生能源和清洁能源的比例。建议政府支持进行新能源汽车充电和加氢基础设施建设联动规划的研究制定。

建议加强新能源汽车与智能电网的结合，实现智能用电，起到电网削峰填谷的作用。建议通过政策鼓励，建立联通"车－用户－能源"的供给体系，并实现售电、收费与充电信息的实时联通。

（二）完善基础设施建设相关政策法规

基础设施建设是新能源汽车未来得以大规模应用的必要前提。基础设施成本高、收益低，成为新能源汽车基础设施建设的重要制约因素，尤其是在新能源汽车发展的前期。但基础设施的建设具有明显的网络效应，因此政府可以通过完善包括财政政策、税收政策和金融政策在内的政策体系来鼓励和支持新能源汽车产业基础设施的发展。

新能源汽车基础设施的建设涉及电力、汽车、电池、能源供应等多个行业，需要政府发挥主导作用，调动相关行业共同参与。在发展初期，政府应出台一些鼓励和保护性政策，支持新能源汽车基础设施的产业化，应在商业贷款、土地使用、电价政策、税收等方面给予优惠政策。

1．财政补贴政策

为推进新能源汽车基础设施建设进程，政府应在充电站的建设项目及土地使用过程中给予直接经济补贴。在充电站建设使用土地上，政府可以以优惠的价格向投资方提供土地使用权，也可以参照德国政府的做法，为充电站建设项目划拨专项使用土地。

在充电站建设的相关申报和审批程序上开通"绿色通道"；积极推动新能源汽车的政府采购，将新能源汽车纳入政府机关和事业单位的采购计划中，并制定最低采购比例；对购买和使用新能源汽车的消费者，以及参与充电站建设的电力企业进行补贴。

同时，应进一步完善充电服务价格机制，对电力供应商向充电站提供的成本电价与充电站运营商向新能源汽车使用者提供的销售电价作明确的规定，保证相关利益主体分工明确、共同获利。扩大分时电价实施范围，要求电力企业制定峰、谷充电差别电价，研究保障充/换电站可持续发展的充电服务运营价格政策，并给予电网企业充电站输电上的差价补贴。

建立新能源汽车电池租赁系统。对提供电池租赁、电池维护保养、运输贮存以及废旧电池回收利用的企业给予电池补贴。

2．税收鼓励政策

对基础设施建设上下游企业实行税收减免。对包括充电设备研发和制造企业、电力公司、能源公司、电池租赁企业在内的充电站上下游企业给予税收优惠，如减免企业所得税、增值税，以及实施"费抵税"政策等。

对基础设施投资加大税收抵扣和提高折旧速度。给予充电站运营商更大的税收抵扣力度，减免其购置税、所得税、增值税等；允许基础设施和电网设备加速折旧，使投资者能够加快回收相关的投资成本。

3．金融信贷政策

促进新能源汽车发展的相关金融信贷支持政策建议如下。

为基础设施相关企业提供信贷支持。对符合条件的，包括充电设备研发和制造企业、新能源汽车制造企业、充电站运营企业、电力企业和能源企业在内的基础设施上下游企业提供信贷支持，通过降低基础设施投入的资金要求来形成新能源汽车技术的网络效应和规模效应。

制定实施新能源汽车购买的贷款优惠办法。协调银行、财政等部门，对贷款购买新能源汽车给予银行贷贴息和贷款基准利率优惠。拓宽充电站建设的融资渠道，可建立一些环保性的基金或专项的促进新能源汽车发展的基金会，支持符合条件的上市公司通过发行股票、债券、转换债、短期融资券、中期票据等方式融资。

（三）加快修订充电基础设施规范及标准

1．充电模式的选择

目前电池充电时间及电池寿命仍是制约新能源汽车发展的因素。为了促进新能源汽车的推广，应尽量采用多种充电模式并存的充电站设计方案，并在标准中建议不同充电模式的适用范围。

2．充电接口的标准

由于目前各新能源汽车及充电机生产厂商的充电接口尚未统一，建议在接口标准编制中只对电气接口功能及接口尺寸进行规范，建议暂不对接口的制造工艺等进行规范。建议相关的充电接口标准可以在已有的基础设施相关企业标准基础上进行创新和修正。

3. 通信协议交互

建议深入考虑充电机与动力电池之间的交互信息，如深入分析交互信号、潜在信号、信号怎样扩展、故障信号的交互等，通信协议标准要和新能源汽车厂商充分交流，尽量做到通信接口的标准化。

4. 充电性能考虑

充电站的标准规范和建设要充分考虑目前动力电池的充电性能，特别是配电变压器容量要考虑各种不同类型汽车充电时的容量，兼顾同时性，另外还要考虑目前动力电池的充电性能和充电后的最大行程。

5. 考虑消防系统的设计

由于目前新能源汽车中常用的锂离子电池具有可燃、可爆的特性，充电站的消防系统必须包括烟雾监测系统、消防沙坑和干粉灭火器。

6. 结合谐波治理手段

新能源汽车充电机是一种非线性设备，会产生谐波电流，导致电网电能质量下降。当充电机运行产生谐波超出相关标准规定的指标时，可采用常规的谐波治理方法如下：加装有源滤波装置等进行治理，使电能质量符合一般用户接入公用电网的要求。同时可以考虑采用整流变压器来代替原有配电变压器，从而起到抑制谐波污染的效果。

第三节 教育投入，培养新能源汽车专业人才

一、新能源汽车专业人才提供与培养存在的问题

（一）新能源汽车企业的专业人才缺口很大

从根本上来说，新能源汽车技术的不断提升取决于对新能源汽车专业人才的培养。新能源汽车需要生产制造和技术研发等方面的通才和专才。但现有的新能源汽车行业专业人员增长速度远远不能与新能源汽车的产销速度匹配。

目前，中国新能源汽车领域的专业人才主要有两类：一是国内关于新能源汽车研究的科研院所、高校及企业研究机构等的专业人才；二是企业外部引进的海归专业人员。但其总体数量偏少，远不能满足新能源汽车增长速度对专业人才的数量需求和素质需求。

（二）新能源汽车专业人才的培养体系相对落后

目前，中国在新能源汽车行业的专业人才培养和引进方面，与传统汽车的人才培养体系、培养方式十分相近。在新能源汽车的资源投入方面，主要集中于市场销售和维修保障服务等，而在电池、电机和电控等方面的专业技术人员培养和提升等方面的资源投入相对较少。同时，中国大部分从事新能源汽车领域的专业人员，主要是从传统汽车领域转变而来的。

当前中国新能源汽车行业缺乏专业技术人才和设计人才，而缺乏专业人才的重要根源恰恰就在于新能源汽车行业没有构建起良好的人才储备、培养与发展机制。同时，新能源汽车企业对专业人才的重视程度和对专业人才的创新思维认可程度还远远不够。由于新能源汽车在电机、电控和电池等主要技术方面均和传统汽车有本质差异，故而更需要具有创新性思维的专业人员。

总体而言，中国新能源汽车人才的培养体系尚未完全建立起来，现有专业人才的培养和实际需求也存在一定的方向性偏差。

（三）新能源汽车"产学研"融合模式尚未形成体系化

目前，中国新能源汽车技术正处于由研发向应用转型的重要阶段，其过程中主要涉及动力系统、产品规划和开发设计等环节的人才需求，具体专业则主要涉及汽车发动机、汽车制造、电气工程和电气自动化等方面，均需要专业研究、理论支持和技术支撑的充分配合与融合。

现行体系中，新能源汽车企业注重能够快速见效的商业性技术和市场应用，科研院所则注重项目分析、基础研究和实验数据的积累，高校则更注重基础研究、学生实践和知识积累等。由于在新能源汽车发展的制度依据、部门利益及发展规划等目的方面的差异性，涉及新能源汽车设计、研发和制造的产（企业）、学（高校）、研（研发和设计机构）形成各自的利益团体，各领域之间的关联性和协调性较差，未形成三位一体的联动机制，导致新能源汽车理论成果的转化、技术创新的研发、应用开发和产业化等存在脱节和不连续的问题。

另外，中国在新能源汽车方面的专业学科设置复合性和贯穿性不够，人为割裂了专业之间的连通性，导致汽车总体设计中各模块的兼容性相对较差。这种状况不能完全适应新能源汽车研发的专业需要和创新思维要求。

二、新能源汽车专业人才培养建议

(一) 产学研结合，广开人才渠道

广开渠道招揽高级人才，聘用研发人员，培养技术骨干。例如，通过建立企业的博士后工作站，建立项目访问学者制，积极吸纳国内外高等学校、科研机构及相关企业的科学家和工程师到研究中心，通过科研补贴、专利资助等吸引新能源方面的人才，并给予大量的优惠措施和宽松的工作环境，使人才为我所用。

(二) 经济激励创新，合理分配收入

采取经济利益激励措施，主要包括岗位工资、年终奖励、职务补贴、福利补贴、期权激励等。

(三) 加强人才培养，完善绩效考核

加强人才的培养，并采取一系列举措。例如，推行目标管理方法，对公司内部员工推行目标递进，年终考核，运用绩效管理，从中确定关键人才，并提供相应的培训和发展机会。

(四) 加强中外合作，实施人才战略

新能源汽车企业还可以与世界其他知名汽车公司合作，通过项目合作的方式，在工作岗位中在职培养技术骨干。同时，可以允许公司的员工进入高等院校或研究所脱产学习，培养新能源汽车经营管理人才和市场营销人才。为加速新能源汽车产业化，必须着力实施人才战略，打造人力资本。人才战略的实施对新能源汽车的产业化有着极其重要的作用。

第七章 时代主题与新能源汽车的发展

第一节 碳中和与新能源汽车发展

碳中和（carbon neutrality）是指企业、团体或个人测算在一定时间内，通过植树造林、节能减排等形式，抵消自身产生的二氧化碳排放，从而实现二氧化碳的零排放。碳中和的概念最早起源于1997年，2006年《新牛津美国字典》将"carbon neutrality（碳中和）"评为当年年度词汇，获选主要因为它作为最初由环保人士倡导的一项概念开始逐渐获得越来越多民众支持，并且成为受到美国政府当局重视的实际绿化行动。2007年1月29日，联合国政府间气候变化专门委员会（IPCC）在巴黎举行会议，历时5天的会议在2月2日结束，会后研究小组发表了一份评估全球气候变化的报告。报告的初期版本预测，到2100年，全球气温将升高 $2 \sim 4.5$ ℃，全球海平面将比现在上升 $0.13 \sim 0.58$ m；报告还指出过去50年来的气候变化现象中有90%的可能是由人类活动导致的。在2007年版的《新牛津美国词典》中，"carbon neutrality"被正式编列。2013年7月，国际航空运输协会提出的航空业"2020年碳中和"方案浮出水面，该方案对各国各航空公司最实质的影响是：要为2020年后超过排放指标的部分买单，交纳实际上的"碳税"。2018年10月，联合国政府间气候变化专门委员会发布报告，呼吁各国采取行动，为把升温控制在1.5℃之内而努力。为实现这一目标，各个国家都需要在土地、能源、工业、建筑、运输、城市等领域展开快速和深远的变革。

碳中和是近年联合国气候变化大会和各国环境保护实施措施的主要组成部

分,是人类减少二氧化碳排放量的主要手段。新能源汽车作为节能环保的先锋,在减少二氧化碳排放方面发挥着重要作用。碳中和会成为今后减少温室气体排放量的长期举措,新能源汽车产业参与者要在碳中和背景下制定出更加符合未来发展的路径。

一、始终坚持以创新为核心的发展路线不动摇

创新是产业可持续发展的根本驱动力,是实现新能源汽车产业跨越式发展的重要途径。2020年新能源汽车销量逆势大涨的事实证明,技术创新无论何时都是产业发展的原动力。新能源汽车产业在技术方面和模式方面的持续创新,可以保障产业的发展活力。

(一)技术创新

新能源汽车产业初期发展迅猛,销量自2015年开始激增,其销量增长率明显高于汽车总销量的增长率。虽然增长率位居高位,但主要还是大力度的产业扶持政策在起关键作用,特别是补贴之后的车价相比燃油车具有较大优势,性价比突显,吸引消费者购买。新能源汽车核心技术,如续航里程、电控管理和安全防护方面的技术水平仍然有待提高,几乎是在靠价格优势弥补技术劣势。2017年后,全球主要新能源汽车产销国的补贴纷纷退坡,开始倒逼新能源汽车企业加快提升产品技术含量。2017年之前,纯电动汽车续航里程普遍在300 km左右,与燃油车里程相去甚远;2017年之后,动力电池的能量密度开始快速提升,同时电控水平持续优化。2018年,纯电动汽车续航已经普遍达到400~500 km,部分车型甚至可以达到550 km;加速水平也有明显提高,涌现出一批百公里加速成绩在4 s左右的民用轿车和SUV。2019年新能源汽车技术开始遇到瓶颈,创新不足,提升放缓,续航里程和加速性能仍然在前一年水平徘徊,同时新能源汽车补贴开始大幅度退坡。两方面因素的叠加对新能源汽车销量产生较大影响。2019年新能源汽车销量同比增长率仅为9.5%,首次跌破10%,远低于之前的高增长率,创近年新低。新能源汽车企业痛定思痛,将技术创新摆在首要位置。2020年新能源汽车技术再次大幅度提升,最大续航里程普遍达到600 km,小鹏P7将续航里程提高到700 km以上。加速水平同样提升明显,比亚迪汉EV将市售纯电动汽车家用车的百公里加速水平缩短至4 s内。2020年全球汽车销量同比大降,但新能源汽车丝毫不受影响,销量大涨46.6%,增量首次超过100万辆;在补贴逐年退坡的形势下重回高增长,实属不易,这其中技术的突飞猛进成为最

重要的因素。

1. 动力电池

电池技术是新能源汽车的最核心技术，其发展趋势往往决定着产业的整体发展走向。近年来，动力电池在能量密度方面显著提升，从早期的普遍不足 100 W·h·kg^{-1} 提高到 2020 年的 180 W·h·kg^{-1} 左右。进入 2021 年之后，动力电池能量密度更是进一步实现突破。宁德时代、LG、松下、比亚迪、中航锂电等电池企业都在积极研发高能量密度电池和固态电池。2021 年 10 月上市交付的美国豪华纯电动汽车 Lucid Air 的 EPA（U.S. Environmental Protection Agency）续航里程为 832 km，是全球首款续航里程超过 800 km 的量产上市的纯电动汽车。在 2021 年 11 月中国工信部公布的新能源汽车推广应用推荐车型目录（2021 年第 10 批）中，广汽 AION LX Plus 纯电动 SUV 的动力电池能量密度达到 205 W·h·kg^{-1}，NEDC 续航里程达到 1 008 km，是全球首款能量密度超过 200 W·h·kg^{-1}、续航里程超过 1 000 km 的纯电动汽车。

新能源汽车动力电池一旦起火，极易产生爆炸，造成人身和财产损失。近年来，动力电池制造企业除专注提升电池性能之外，还积极在电池安全领域创新。2020 年 3 月，比亚迪率先发布主打新能源车辆安全的刀片电池，该电池可以轻松完成针刺试验，率先搭载于汉车型。2021 年 3 月，广汽埃安发布弹匣电池系统安全技术，并顺利通过针刺热扩散试验，实现电池整包针刺不起火，旗下车型截至 2021 年年底没有发生过重大安全事故。2021 年 9 月，长城汽车发布大禹电池，可实现电芯化学体系全覆盖，在任意位置的单个或多个电芯触发热失控的情况下能保证电池包不起火、不爆炸，长城汽车将其率先搭载在旗下沙龙汽车产品。未来动力电池安全性将会显著提升，为使用者提供更加安全的驾乘体验。

除了动力电池技术本身，作为新能源汽车重要的保障技术，充换电技术一直在持续发展，已经得到了巨大提升。保时捷已经研发出最高功率可达 350 kW 的超级充电技术，可以使普通家用纯电动汽车在 15 分钟内充至 80% 电量；特斯拉、蔚来、小鹏的超级充电桩可以达到 180～250 kW 的充电功率，实现 30 分钟内充至 80% 电量。即便如此，目前充电速度仍然不及燃油车加油的速度，并且由于涓流充电，最后阶段的充电速度明显放缓，实际的充电时间可能更长。纯电动汽车的充电效率与燃油车加油相比差距仍然明显。近年来兴起的换电技术成为新能源汽车能源补给的新方式。蔚来汽车和北汽新能源的换电站可以在 5 分钟以内完成纯电动汽车的电池更换，几乎追平燃油车的加油时间，是解决里程焦虑的最有效方法之一。

2. 电控系统

电控系统是新能源汽车的控制中枢，其重要性不言而喻。电控技术在新能源汽车产业初期发展缓慢，近年来才开始快速发展，特别是在新材料这一领域。以往的新能源汽车普遍采用IGBT模块，近年来新兴的碳化硅开始应用于纯电动车型。英飞凌、比亚迪、三菱、日立、中车时代等全球各大IGBT生产商都在积极研发新能源汽车的碳化硅功率模块系统，特斯拉、比亚迪、蔚来等企业也已经开始陆续使用碳化硅功率模块。碳化硅功率模块系统能显著提升电控系统的整体效率和使用寿命，是电控技术未来的发展趋势。

混合动力汽车作为纯电动汽车替代燃油车的过渡车型，近年来同样在电控技术方面取得重大突破。混合动力汽车虽然可以有效解决长途出行的里程焦虑问题，但馈电情况下的能耗甚至高于同级燃油车的能耗，再加上其售价也普遍高于同级燃油车的售价，因此处境尴尬，销量长期停滞不前。2021年1月，比亚迪发布DMI（Dual Mode Intelligent）超级混动技术，用单速行星齿轮取代了燃油动力总成中的变速箱，并使用其自研的高热效率的骁云发动机。DMI系统主要依靠大功率高效电机进行驱动，发动机的主要职责是在高效转速区间发电，并在合适的时机直接驱动车辆，使其实现馈电情况下的超低油耗。比亚迪DMI车型在馈电状态下的百公里油耗普遍低至4升左右，解决了之前的高油耗问题。这一显著成效离不开其高效发动机和电控系统。此外，理想ONE、岚图FREE、金康赛力斯等增程式车型层出不穷。增程式电动汽车的电控技术同样更新换代。混合动力汽车市场由于革命性的技术突破，重新开始繁荣。

3. 驱动电机

驱动电机直接驱动车辆行驶，是新能源汽车的核心组成部分。由于驱动电机在起步阶段就可以释放出最大扭矩，所以新能源汽车加速性能远超同级别燃油车。但驱动电机在后程高速阶段中扭矩快速衰减，单一齿比也使其极速普遍不如同级别燃油车。近年来，驱动电机技术在性能、材料、系统等方面持续革新。早期的单台驱动电机输出功率普遍不足100PS。随着生产工艺和技术水平的日渐成熟，驱动电机输出功率逐步提升，到2018年时普遍在150PS左右。2019年上市的保时捷Taycan纯电动轿跑的后电机功率最高达476PS，刷新当时驱动电机的最高功率纪录。

早期的驱动电机绕组采用的是圆线材料，2015年之后扁线电机开始陆续取代传统圆线电机，成为驱动电机的未来发展趋势。由于驱动电机体积小、无需变速箱，所以可以在车身内布置多个驱动电机。目前大部分在售新能源车型普遍采用单/双电机配置差异化销售，丰富不同价位的产品线，部分车型甚至布置三个驱动电机，进一步提升性能。永磁同步电机和交流异步电机各有自身的优缺点，近年来整车企业开始将这两种驱动电机组合使用，以达到优化综合性能的目的。特斯拉、蔚来等企业已经推出永磁同步电机和交流异步电机混合搭载的车型，综合性能较之前车型有明显提升。驱动电机今后的技术会更加多元化。

4. 辅助技术

除核心技术之外，新能源汽车辅助技术同样突飞猛进。由于里程焦虑问题一直存在，加之新能源汽车补贴逐步退坡，提高续航里程成为新能源汽车企业的当务之急。在电池技术暂时无法取得重大突破的困境下，轻量化车身、低风阻系数、隐藏式外饰、热泵式空调等提高续航里程的辅助技术开始被广泛应用于新能源汽车领域，对续航里程有不同程度的提升。燃油车之前一直无法有效解决的NVH问题在新能源汽车领域迎刃而解。驱动电机的先天静谧性和平顺性使噪声和振动显著降低，甚至出现高端豪华燃油车的NVH问题比价格远低于自己的纯电动汽车更严重的奇特现象。而智能网联技术在新能源汽车先天的结构优势下大放异彩，几乎成为新能源汽车的标准配置。辅助技术的日新月异不仅使新能源汽车核心产品实力加强，还使舒适性和功能性大幅度提升，新能源汽车的综合竞争力进一步提高。

（二）模式创新

技术创新是引领新能源汽车产业发展的源动力，但只有技术是不够的，需要相应的方法和手段将产品推销出去。近年来，新能源汽车产业涌现出诸多不同于以往商业模式的新模式。

1. 直营销售模式

在传统燃油车时代，集整车销售（Sale）、零配件（Sparepart）、售后服务（Service）、信息反馈（Survey）四位一体的4S店销售模式占据主流，消费者一般采用现场购买的方式购车。但由于4S店普遍是中间代理商运营，生产企业监管难度大，所以有乱收费、强制配置、捆绑销售、欺诈消费者等问题，一直饱受诟病。近年来随着互联网技术的飞速发展，移动在线支付开始流行普及。由于纯电动汽车智能网联程度高，与在线服务高度匹配，所以特斯拉、蔚来、小鹏、理想等造车新势力厂商纷纷采取直销（网络购买）为主的在线销售模式，实现下单、付款、交付、售后等全流程服务，完全省去中间4S店代理商环节，实现价格完全透明公开。在此模式下，消费者可以在基础车型上自由选装配置，实现专属个性化定制。各大企业还同时在城市中心商业区建立仅作展示和试驾的品牌体验店，以此提高知名度，吸引潜在客户。直销模式有效解决了传统4S店长久以来的遗留问题，但2020年席卷全球的新冠病毒感染使4S店大面积关闭，直接导致消费者无法购买产品，但直销模式可以实现全程无接触式在线购买，即使是在防控期间同样可以销售新车。得益于此，特斯拉2020年全球销量达到49.95万辆，同比大增35.8%，蝉联全球新能源汽车销量冠军，蔚来、小鹏、理想等企业也都实现了高增长。2021年之后，传统燃油车企业开始借鉴直销模式，纷纷建立采用直销模式的高端纯电动汽车子品牌，上汽集团的飞凡汽车、吉利集团的极氪汽车公司先后成立，新能源汽车产业开始引领销售模式变革。

2. "车电分离"商业模式

传统新能源汽车因为动力电池固定在底盘不可更换，所以是按整车价格进行销售的。由于目前动力电池成本较高、技术还不成熟，新能源汽车续航里程有限且价格较高，产品吸引力有限，与燃油车竞争时处于劣势。换电技术可以让车辆和动力电池分离，为厂商提供可以单独销售动力电池的可能性。相关企业根据这一独有特性，探索出新的商业模式——"车电分离"，即动力电池与车辆分离，单独进行销售和租赁。租用电池可以将一次性购买的成本分摊到每月，极大地缓解了消费者的资金压力。2010年，国家电网率先提出"车电分离"商业模式，并在众泰和海马换电出租车上进行试点。蔚来在2017年年底发布的首款车型ES8上推出电池租用方案，车主可以一次性支付电池费用或者按月支付租赁费用来使用动力电池，这是全球首个推出的针对私人乘用车市场的"车电分离"商业模式，引起业界关注。2018年7月，北汽新能源正式推出针对私人车主的"车电分离"方案，允许车主租用动力电池。2019年9月蔚来推出电池包升级方案，用户可根据自身需求将70 kW·h电池包升级为84 kW·h电池包，成为全球首家在不更换车辆的前提下升级动力电池容量的企业，新能源汽车续航里程得到有效提升。蔚来在2020年又推出100 kW·h电池包，进一步提升续航里程。2021年12月，蔚来正式推出电池灵活升级体系，用户可以按月、年和永久升级电池包，更加灵活自由。目前已经有数十万消费者享受到了"车电分离"模式带来的便利和实惠。"车电分离"商业模式今后会进一步推广到更多的换电车型上，让更多车主从中受益。

3. 营运车辆定制

营运车辆指报告期末经主管机关核准，可参加营运的车辆。营运车辆可以从事以营利为目的的道路运输经营活动，包括客车、货车、出租车等车型。营运车辆大多在相对固定的时间和地点进行经营，需要严格控制经营成本。近年来汽柴油价格不断攀升，使营运车辆的运输成本连年上涨，造成营运车辆经营困难。虽然有部分出租车开始改用天然气，但成本下降十分有限，营运车辆市场一度陷入两难境地。纯电动汽车续航里程相对同级燃油车稍短，但使用成本远低于汽柴油和天然气，可以使运营成本大幅降低，而且固定地点的经营方式使其可以提前规划路线，方便补充能源，避免里程焦虑。纯电动汽车的优势十分明显。近年来全球许多国家和地区开始逐步将营运车辆变为纯电动汽车。中国山西省太原市于2016年年底将主城区8 292辆出租车全部更换为纯电动汽车，成为全球首座实现出租车100%电动化的城市，所有纯电动出租车均为比亚迪e6；阿联酋迪拜在2017年率先将出租车更换为特斯拉纯电动汽车，收到良好反馈；2017年年底，中国广东省深圳市实现纯电动公交100%全覆盖，该市每天都有超过1.6万辆公交车在道路上行驶，是全球首座实现公交车全面电动化的大城市，也是全球纯电动公交应用规模最大的城市；2019年1月中国广东省深圳市出租车纯电动化率达98.57%，已经基本实现全电动化，超过2.1万辆纯电动出租车使深圳成为全球纯电动出租车规模最大的城市；全球知名打车应用开发商优步（Uber）于2017年开始通过与汽车企业合作、给予司机补贴等方式在全球范围内普及纯电动汽车；美国、挪威、英国、法国、加拿大、德国、日本等国家也开始陆续将燃油客车替换为纯电动客车。

新能源营运车辆的快速推广让越来越多的企业投身于这一前景广阔的领域。以往汽车生产企业和营运企业仅是买卖关系，各自独立经营。已经普及的新能源汽车智能网联功能使整车企业可以自主建立车辆运营管理的远程网联系统，近年来整车企业纷纷自主成立网约车营运公司，吉利曹操出行、北汽首汽约车、上汽享道出行等出行服务品牌相继成立，这些品牌还生产针对出行服务的定制网约车，与传统出租车企业竞争，打破了之前出租车的垄断格局，使消费者最终受益。除自主成立营运公司外，整车企业还与营运公司深度合作：2018年6月，银隆新能源为珠海定制生产的500辆海豚公交正式上路运营。此外，比亚迪还为日本、英国、以色列等国家生产定制纯电动大巴。今后还会有更多的定制新能源营运车辆投入市场。

技术创新和模式创新为新能源汽车产业发展带来了质的飞跃。这样的内在实力提升在碳中和时代显得尤为重要。目前新能源汽车企业大多建立起了产品的自主研发体系，它们需要继续坚定不移地走创新道路，推动新能源汽车产业可持续发展。

二、以市场需求为核心导向扩大产业规模

新能源汽车产业发展初期，由于技术不成熟，加之市场考察调研不充分，部分传统燃油车企业为节约成本，同时为了得到补贴和完成双积分任务，直接将现有燃油车型改造成新能源车型，最典型的车型是以大众为代表的"油改电"车型。大众曾经推出过朗逸、高尔夫、宝来等燃油车的纯电动版本。

相对于传统燃油车企业投机式的"油改电"路线，新能源汽车企业更多的是采取平台化路线，建立新能源汽车专属平台，特斯拉、蔚来、小鹏、理想等纯电动汽车企业自不必说，比亚迪、长城、吉利、奔驰等燃油车企业也相继推出自有的新能源汽车专属平台：比亚迪的BNA架构包括DM平台和e平台这两大主要平台，其中DM（Dual Mode，双模式）平台主攻混合动力车型，唐DM、宋DM、秦DM等热销混动车型均出于此。2021年年初，比亚迪又新推出DMI车型，将DM平台又细分为主打性能的DMP车型和主打节能的DMI车型；e平台主攻纯电动车型，唐EV、宋EV、秦EV、元EV等王朝系列热销纯电动车型以及e1、e2等e网车型均出自这一平台。目前DM平台发展到第五代即DM5.0，e平台发展到第三代即e平台3.0，比亚迪平台体系日渐完善。此外，蔚来NT平台、小鹏SEPA平台、吉利SEA浩瀚架构、长城ME平台和奔驰EVA平台都是各自的专属纯电动汽车平台。平台化车型普遍具有封闭前脸、同级长轴距等特性，可以最大程度发挥纯电动汽车的优势，推出更具市场竞争力、更加满足消费者需求的优异产品。近年来的新能源汽车销售主力军都是平台化产品。今后平台化将是新能源汽车企业的必经之路，可以持续扩大新能源汽车的产业规模。

三、完善产业保障体系,加快相关配套设施的建设

新能源汽车产业发展至今,产品本身的技术水平和工艺质量已经得到显著提升,与燃油车相差无几,在加速性能、智能网联、NVH 等方面甚至还存在较大优势;新能源汽车销量近年来的快速增长得益于此。但现代产业发展往往是成体系的链式发展,所有环节都是发展体系中不可或缺的组成部分,任一环节出现问题都会影响产业整体的发展。配套产业环节往往会被产业主体忽视,因为其发展一般对产业整体造成的影响有限;但保障体系的发展一旦严重滞后于产业主体,同样会对产业整体发展产生重大影响。充换电配套设施的发展滞后已经成为产业发展的最大阻碍。新能源汽车销量持续快速增长的背景下需要从以下几方面着手解决阻碍。

(一)尽快制定相关针对性规划和政策

新能源汽车产业的发展初期,主要产销国就相继出台各自的产业规划和扶持政策。新能源汽车产业在规划、政策以及产业自身发展的多重加持下销量快速增长,但政府和企业对配套设施的忽视也为其埋下隐患。如今充/换电设施发展滞后的现状使主要产销国政府开始重视并制定相关规划和政策,如中国政府 2020 年 10 月发布的《新能源汽车产业发展规划(2021—2035 年)》中首次明确将充换电网络建设列为单独部分,标志着配套设施开始与产品同等重要。此外,英国、挪威、日本等国相继出台各自充电设施方面的规划,但至今各国尚没有出台任何一部新能源汽车配套设施方面的针对性规划或政策,对充换电网络的建设提升仍然十分有限。新能源汽车主要产销国应尽快出台配套设施方面的规划和政策,特别是在制度上破解停车难、燃油车占充电位等社会问题,促进充/换电网络的建设。

(二)加快充换电网络建设速度

全球公共充电桩近年来快速增长。截至 2020 年年底,全球公共充电桩数量已超过 100 万台,过去 7 年的年复合增长率达到 32%,远超加油站的增长速度。主要原因是燃油车产业的发展已经高度成熟,加油站需求量目前处于接近饱和状态,但充电桩的数量增长速度仍然明显低于新能源汽车销量的增长速度。新能源汽车的车桩比高居不下,截至 2020 年年底主要产销国的车桩比均超过 5∶1,已经开始制约新能源汽车的推广普及。近年来,新能源整车和相关装备制造企业持续加大力度建设充换电网络,其中新能源整车企业主要以建设自有网络为

主。截至 2020 年年底，特斯拉全球超级充电桩数量已经超过两万个。北汽、蔚来、小鹏、宝马、保时捷等企业都在积极发展各自的自有充换电网络，其中北汽和蔚来作为掌握换电技术的企业，同时在布局换电站的建设。蔚来已经建成全球最大规模的高速公路换电网络。此外，国家电网、特来电等电力设备企业同样在大力建设公共充电桩网络，国家电网已经建成全球最大规模的高速公路充电网络。在整车和电力设备制造商的共同努力下，充电网络的建设已经取得长足进步，但目前仍然落后于新能源汽车的销量增速。2021 年 10 月中国工信部印发《关于启动新能源汽车换电模式应用试点工作的通知》，决定启动新能源汽车换电模式应用试点工作。纳入此次试点范围的城市共有 11 个，其中综合应用类城市 8 个（北京、南京、武汉、三亚、重庆、长春、合肥、济南），重卡特色类 3 个（宜宾、唐山、包头），相关政策的支持将进一步加快换电网络的建设。

（三）完善动力电池报废和回收机制

动力电池长期使用后会出现电解质活性减弱的现象，与此同时，电池容量也会逐渐下降，造成续航里程的缩短。使用到一定期限的电池会给汽车的行驶带来一定的安全隐患，同时会使汽车在加速、续航方面上的性能大幅度降低。当电池容量衰减到初始容量的 60%～80%，便已达到设计的有效使用寿命，需进行更换。电动乘用车电池的有效寿命为 4～6 年，电动商用车的电池有效寿命仅约 3 年，而动力电池到期后通常的处理方式是更换电池或报废整车。随着新能源汽车的保有量和在汽车总量占比的逐年提高，报废动力电池的数量也急剧增加。但报废动力电池没有统一的处理标准和流程，一般由各个汽车和动力电池的生产企业以及专业机构进行处理。

目前企业的电池报废回收体系主要分为两种：企业内部再利用和对外二次销售。企业内部再利用是指对报废的动力电池进行重新检测和处理，用于企业内部生产再利用。例如丰田，它是全球最早生产混合动力汽车的企业，并在这一领域耕耘已久，其镍氢电池回收和处理体系早在销售早期就已开始建立。早在 1998 年，丰田便启动废旧镍氢电池回收计划；2009 年，丰田混合动力汽车全球累计销量达到 225.7 万辆，丰田开始在销售混合动力车辆的国家建立回收工厂；2010 年，丰田延长电池回收协议，在有条件的地区确保动力电池的百分百回收；2012 年，丰田开始电机稀土材料的回收；2013 年，丰田开始尝试镍氢电池梯次利用。丰田的电池回收流程是首先建立回收网络，然后对回收电池进行评估，根据对电池特性的诊断结果，将处理方式分为 3 种——进入维修体系、梯次利用和拆解。不同情况的动力电池被细化处理，有效地提高了电池的利用率。近年来，大众、宝马、通用等企业也都开始建立废旧动力电池的报废回收体系。

二次销售回收的动力电池同样成为近年相关汽车企业新的报废电池处理方式。对报废动力电池进行再处理、重新推向市场销售，既能节约生产成本，又能增加销售收入，同时还解决了报废动力电池的闲置问题。目前包括比亚迪、北汽、荣威等多家新能源汽车企业都在进行二次销售模式的探索。比亚迪已经连续四年成为全球新能源汽车的销量冠军，同时还是全球第二大动力电池制造商。庞大的整车需求导致比亚迪废动力电池的激增，促使其较早地开展动力电池回收业务。由于比亚迪本身涉足储能产品，而消费者又对储能产品的体积和能量密度要求不高，于是能量密度和处理成本都较低的报废动力电池成为储能产品的理想原材料。比亚迪的储能产品，从家庭储能系统，到中间级别的工商业储能产品，再到公用级别的集装箱系统，全方位地覆盖了目前的市场需求。截至 2018 年年底，比亚迪已经为全球合作伙伴提供了近百个工业级储能解决方案，储能产品远销 21 个国家、96 座城市，覆盖全球六大洲，出货总量超 600MW·h。根据 CNESA（中关村储能产业技术联盟）全球储能项目库的统计，2018 年全球新增投运的电化学储能项目中，比亚迪在中国储能系统集成供应商中排名第一，并在全球的储能市场中占据重要地位。这样的成绩得益于比亚迪成熟的报废电池回收体系。

此外，目前已经有部分新能源汽车企业开始着手建立"都市矿山"。以北汽新能源为例，该公司已经建立了整套动力电池回收系统，建设了电池梯次利用、电池无害化处理和稀贵金属提炼的工厂，使用物理和化学方法将锂电池的主要成分重新提纯、回收利用，并提供给相关的生产企业，实现对整个产业链矿产资源的循环可持续利用。

四、制定适合自身的路线，走特色发展道路

新能源汽车至今已在全球超过 40 个国家推广普及，遍布六大洲，但由于各国地理、政治、经济、文化等方面差异明显，新能源汽车产业的发展规模、水平、趋势都各不相同，呈现出不同的发展战略和路径。中国的新能源汽车研发水平较高，同时境内新能源汽车所需的原材料资源充足，插电式电动汽车和氢燃料

电池汽车同步发展，车型涵盖齐全，是全球唯一在整车、零部件和配套设备制造方面都能保持领先地位的国家；美国和德国的新能源汽车技术发达，但动力电池和氢燃料电池汽车领域几乎是空白，以发展插电式电动汽车为主；法国的动力电池和氢燃料电池汽车领域同样是空白，以纯电动汽车为绝对发展主力；日本的动力电池产业发达，但由于本国特殊的地形条件以及长期不足的电力供应，主要发展普通混合动力汽车和氢燃料电池汽车，辅以插电式电动汽车；韩国的动力电池产业同样发达，但由于其在插电式电动汽车领域起步较晚，主要发展氢燃料电池汽车，辅以纯电动汽车；挪威、英国、瑞典、荷兰等国的新能源汽车制造业相对薄弱，以推广普及为主，并取得了显著效果；马来西亚、泰国、新加坡、墨西哥、澳大利亚、南非、巴西等新兴新能源汽车产业发展国仍然没有根据自身的特点制定发展路线，产业发展缓慢。主要产销国要继续保持和发挥各自优势，按照适合自身特点的路线可持续发展；而新兴国家要尽快根据自身特点找准定位，制定针对性的发展路线，走特色发展道路，实现快速发展。

五、加强协同合作，促进全球产业共同发展

当今的产业协同合作不仅包括与外部的其他产业的协同合作，还包括产业内部的协同合作。只有优化产业内部的协同发展机制，才能提升产业内部的发展效率。新能源汽车目前存在区域和产业链之间协同发展不足的问题，需要从以下两方面入手解决。

（一）区域协同发展

新能源汽车产业近年来飞速发展，但至今整体上仍然是各自为政的松散式发展模式，即便有欧盟、东盟等大型区域一体化合作组织出台推进共同发展新能源汽车产业的相关规划和政策，但由于各国政治、经济、文化差异较大，产业发展水平还是不尽相同；而且，一体化合作组织的产业专业化程度并不高，无法提出针对性的促进产业发展的具体措施，规划和政策无法真正落地，执行效果十分有限。主要产销国之间如中国－德国、美国－欧盟、日本－韩国虽然建立了新能源汽车产业发展联盟，但影响范围小，最终依然无法有效促进全球产业持续快速发展。

目前尚没有任何全球范围内的专业性新能源汽车产业合作组织。主要产销国应尽快牵头规划成立产业联盟、合作论坛等全球性的产业合作组织，提出层次更高、范围更广、专业性更强的对策建议，加强国际合作，促进各国新能源汽车产

业共同发展。此外,新能源汽车产销国如中国、美国、德国等国应在各自大洲发挥带头表率作用,牵头建立区域间新能源汽车产业一体化合作组织,促进区域新能源汽车产业发展。

(二)产业链协同发展

近年来,产业链的脱节和割裂持续阻碍新能源汽车产业发展,甚至出现过上下游供应问题导致相关企业停产的严重后果,究其原因是产业链上各方独立发展、缺乏协同,某一方可能暂时受益,但长远来看最终受损的还是产业整体。近年来新能源汽车业界已经开始认识到这一问题,各企业开始通过产业链间的合作、入股、收购等方式逐步加强相互之间的协同发展:宁德时代、LG、松下等动力电池企业与多家新能源整车企业建立稳固的合作关系,打通零部件企业与整车企业的产业链壁垒;德国大众、宝马、奔驰等整车企业与博世、采埃孚等零部件企业在新能源汽车领域深度合作,促进本国新能源汽车产业快速发展;比亚迪通过垂直整合,成为全球首家集动力电池和新能源整车制造于一身的企业,并开始向其他新能源整车企业供应动力电池;赣锋锂业、天齐锂业等锂产品企业相继收购全球大型锂矿,并开始自主研发动力电池。新能源汽车产业通过产业链的协同发展正一步步走向成熟,在不远的未来也将会出现全产业链的整合模式。

第二节 技术进步与新能源汽车发展

一、超级电容技术与新能源汽车发展

超级电容器是20世纪70年代末出现的一种新产品。它突破了传统的电容器设计思想,电容量由微法拉级提高到法拉级,创造出1 000 F级超级电容器。到20世纪末,又先后出现了10 000~100 000 F的牵引型超级电容器,从此超级电容器开始进入电池应用市场,出现了超级电容器电动汽车的新概念。它以优异的性能改变了人们的传统认识。

超级电容器比功率大,其特性是:比功率可达到2~3 kW/kg,充电时,充电速度快,温升小;放电时,可以大电流输出,输出功率大。在电动车辆运行时,起步快,加速快,爬坡力强。超级电容器比能量小,同等重量超级电容器续驶里程仅为铅酸蓄电池的1/3,这是目前超级电容器的唯一缺陷。超级电容器电动汽车续驶里程短，跑不远，但充电速度快，可以弥补续驶里程短的缺陷。补救的方法是在城市交通线路的两端建立充电站，快速充电，这样其续驶里程可不受限制。

超级电容器车用储电装置优点有很多，比如超级电容器是绿色能源（物理电池），不污染环境、循环使用寿命长（约10万次）、充电速度快（0.3 s～15 min）、充放电效率高（98%）、功率密度高（1 000～10 000 W/kg）、彻底免维护、工作温度范围宽（−40～50℃）、容量变化小、电动大客车制动再生能量回收效率高，常规制动时能量回收高达70%；相对成本低。

（一）日本超级电容混合动力电动汽车技术发展

日本是将超级电容运用于混合动力电动汽车较早的国家。本田FCX燃料电池——超级电容器混合动力车是世界上最早实现商品化的燃料电池轿车，2002年在日本和美国加州上市。在其开发出的第三代和第四代燃料电池电动汽车FCX V3和FCX V4中分别使用了自行开发研制的超级电容器来取代辅助电池，减小了汽车的质量和体积，使系统效率增加，同时可在制动时回收能量。经过相关测试表明，使用超级电容器时燃料效率和加速性能均得到了明显提高，起动时间由原来的10 min缩短到10 s。图7-1所示为日本本田汽车公司生产的一款燃料电池电动汽车的辅助储能装置，由80个超级电容器单元和1个冷却系统组成，其中超级电容器的功率密度和能量密度分别达到了1 400 W/kg和3.9 W·h/kg，工作温度为−30～65℃。

图 7-1　超级电容器组

第五代FCX采用超级电容器加燃料电池的电能供应方式，使FCX能快速达到较大输出功率，改善燃料电池电动汽车起动和加速性能，并缩短起动时间。同时由于超级电容器与燃料电池同样具有软特性，所以取消了DC-DC变换器，减小系统质量。超级电容器电量不足时则由燃料电池带动电机利用输出的多余电功率来补充。燃料电池组带动的超级电容器只提供车辆加速和爬坡时所需的峰值功率，同时进行制动能量回收。

在以内燃机作为主能源的混合动力电动汽车方面，日产汽车公司 2002 年 6 月 24 日推出了安装有柴油机、电动机和电容器的并联混合动力电动货车，如图 7-2 所示，汽车由额定功率为 152 kW 的 CIDI 发动机和 55 kW 的永磁电机驱动，安装有日产公司开发的新型超级电力电容器（ECaSS），具有 6.3 kW 的比功率，功率能量比高达 80%。该货车使用了 84 个单元组成三串，每串由 28 个 1 500 F2.7V 单元并联，共 583 W·h，该车制动能量的功效高于其他电池供电的混合动力电动汽车。

图 7-2　日产并联混合动力货车

（二）欧美超级电容混合动力电动汽车技术发展

1996 年俄罗斯的 Eltran 公司研制出以超级电容作为电源的电动汽车，采用 300 个电容串联，充电一次可行驶 12 km，时速为 25 km/h。

瑞士等国也在超级电容的应用方面做了一些研究。瑞士的 PSI 研究所曾给一辆 48 kW 的燃料电池电动汽车安装了储能 360 W·h 的超级电容组，超级电容承担了驱动系统在减速和起动时的全部瞬态功率，以 50 kW 的 15 s 额定脉冲功率来协助燃料电池工作，牵引电机额定连续功率为 45 kW，峰值功率为 75 kW，采用 360 V 的直流电源。

德国大众 Bora 超级电容实验车进行的燃油消耗测试结果表明其油耗少于 7L/100 km，而相同质量的宝马 7 系列车型油耗则为 10.7L/100 km。

美国在超级电容混合动力电动汽车方面的研究也取得了一定进展，加州早在 20 世纪 90 年代颁布零排放汽车近期规划，当时研究人员普遍认为超级电容汽车满足这一标准。美国的 Maxwell 公司和 Exide 公司联合开发的超级电容—蓄电池复合电源系统,用于货车低温起动、中型和重型货车、陆上和地下的军用车,它在大电流以及高低温条件下工作,都会有很长的寿命。美国NASA Lewis 研究中心研制的混合动力客车也采用超级电容作为主要的能量储存系统。

2019年9月10日,在德国法兰克福车展上,意大利著名超跑品牌兰博基尼发布了旗下首辆混合动力超级跑车,正式迈出电气化的第一步。兰博基尼将该车型命名为 Sian FKP 37,以纪念公司已故主席费迪南德·皮耶希(Ferdinand K. Piëch)。据了解,Sian 的售价为360万美元,折合人民币约为2 552万元,该车型全球限量仅63辆,且在正式亮相前就全部售罄。Sian 最大功率达到了610 kW,0～100 km/h 加速时间仅为2.8 s,最高速度则超过350 km/h。该车除了采用6.5 L V12 发动机外,还使用超级电容器提供额外的功率,并且超级电容器自身较小的质量也能够降低车型的质量功率比,即尽可能保证轻量化的条件下增大马力。兰博基尼表示,同等重量下,超级电容器的功率比电池大三倍左右。在追求极致轻量化的超跑身上,降低重量同时增大马力,尤为重要。

这一措施也让 Sian 成为兰博基尼 V12 车型中质量功率比最低的一款车型。为配合超级电容器工作,Sian 为电机开发了新的制动系统,每次车辆制动时,Sian 的储能系统都会充满电,在低速行进时,超级电容器能够在较短的时间内单独驱动车辆行进,最大能够提供25 kW 功率。

(三)中国超级电容混合动力电动汽车技术发展

我国从20世纪80年代开始研制超级(双电层)电容器,并将其列入电子工业部38项攻关课题,由于关键材料及设备依赖进口,目前有未能实现商品化,也未得到广泛使用,而大功率超级电容器的市场销售已经启动,用户群体和目标市场正在形成。

在我国,北京有色金属研究总院、锦州电力电容器有限责任公司、北京科技大学、北京化工大学、北京理工大学、西安交通大学、北京金正平科技有限公司、哈尔滨巨容新能源有限公司、上海奥威公司等单位开展了电动车用超级电容的研究开发工作,国家"十五"计划、"863"电动汽车重大专项攻关中已将超级电容的开发列入发展计划。国内的北京、烟台和上海已经试验使用超级电容器动力公交车。国内厂商烟台中上公司自主生产的超级电容器公交车一次充电行驶里程可达12 km,首次充电时间180 s,中间站充电时间15～

30 s，最高行驶速度 60 km/h，最大爬坡度不小于 25°，制动工况下能实现能量再生回馈。中上汽车已研发出第三代超级电容汽车，续驶能力提升至 25 km，最高速度 70 km/h，理论上已经能够满足城市公交的要求。

此外，上海市科委也组织并立项了超级电容公交客车项目，该项目由上海市城市交通管理局、上海巴士实业（集团）股份有限公司、上海申沃客车有限公司、上海瑞华（集团）有限公司、上海突成科技开发有限公司等联合研制。该款超级电容公交客车是在申沃 SWB6116 型城市客车平台上开发的新型空调电车，配置了超级电容储能器件、交流变频调整驱动系统、智能化动力驱动管理系统、大功率快速充电器等部件。该款超级电容公交车是全低地板城市客车，如图 7-3 所示。该客车整个车厢内的地板是无踏板的平地，且车门地板离地高度只有 360 mm，便于乘客上下车；车辆开有前、中、后三门，减少停站时间，提高运行效率；设有可满足残疾人轮椅上下车的装置和设施等，整车采用一体化冷暖空调，车用热泵转换技术节能降耗 30% 左右；一体化交流驱动助力动力系统实现低功耗 20% 左右。

图 7-3 全低地板超级电容公交车

2006 年 8 月 28 日，上海 11 路超级电容公交车示范线路正式开通，这是世界上第一条具有商业示范意义的超级电容运营线路，标志着上海新能源公共交通进入了一个新时代，11 路运行 16 个月的统计数据显示，车辆累计运行 45 万 km，完成载客 208 万人次，平均能耗为 0.98 kW·h/km，平均能量回收率 20%，与燃油车相比节能费用 65%，故障少，出勤率达到 96%。超级电容公交客车通过 11 路的商业运营，经济效益、社会效益、环境效益明显。

2010 年上海世博会期间，超级电容公交车经历了高强度运营考验，61 辆超级电容客车在 6 个月内累计运行 120 万 km，平均每天 4 800 km，共运送国内外游客 4 000 万人次。

2012年12月，采用高能量超级电容器系统对整车又进行技术升级，并继续在上海11路、26路投入运营，如图7-4所示，实现了累计营运里程4 120 401km，电容单体故障发生率为零的效果。其中26路超级电容公交车线路总长19 km，全线配车18辆。2015年，上海920路高能超级电容公交车上线运营，线路总长10.3 km，全线配车15辆。

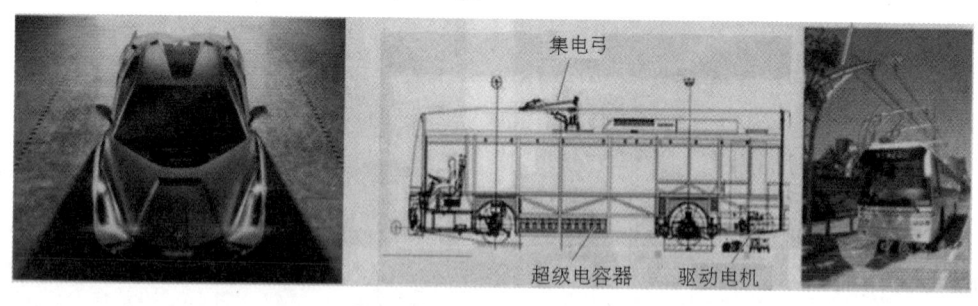

图7-4 上海11路公交车

超级电容公交客车充分利用了超级电容器的独特性能，在保留无轨电车优点的同时，克服了无轨电车机动性差、架空线景观污染的缺点，利用进站时乘客上下车的30 s时间即可完成对超级电容器充电，具有无尾气排放、机动性好、噪声低、运行成本低的显著特点，为城市交通提供了一种清洁、环保的交通工具。

二、飞轮电池及混动系统与新能源汽车技术发展

（一）飞轮电池及飞轮混动系统技术特点

1. 飞轮电池的技术特点

飞轮储能电池是20世纪50年代提出的新概念电池，突破了化学储能电池的局限，运用物理的方式实现能量的储存。它与化学电池相比主要优势在于：

（1）储能密度高，瞬时功率大，在短时间内可以输出很大的功率。

（2）飞轮电池的充电实际上是将电能转换为飞轮的动能，因此，飞轮不存在过充电和过放电而影响飞轮的储能密度。

（3）充电时间短，一般只需要几分钟。

（4）使用寿命长，飞轮电池的使用寿命主要取决于飞轮电池中的电子元器件的寿命，飞轮电池的寿命一般可达20年左右。

（5）能量的转换率高。飞轮电池的结构如图7-5所示。

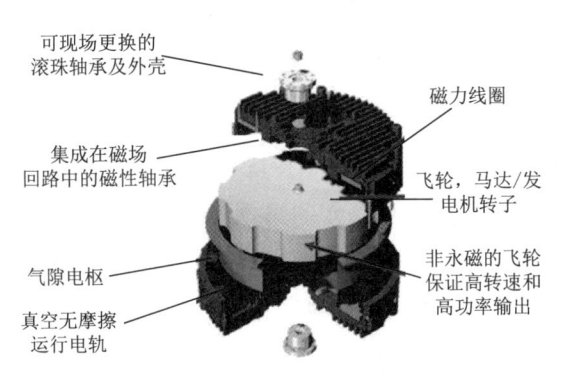

图 7-5　飞轮电池结构

2. 飞轮混动系统的技术特点

飞轮混合动力（Fly Wheel Hybrid Power）系统技术是近 10 年在欧洲发展起来的基于先进变速器技术的绿色汽车动力技术，与 20 世纪 70—80 年代兴起的飞轮电池储能技术有着本质的区别。虽然储能式飞轮混动系统的系统结构与飞轮电池储能系统相似，但其飞轮所储能量大大降低，通常为飞轮电池的几十至百分之一，因而其安全性和陀螺效应可忽略不计。

飞轮混动系统与飞轮电池的关键不同在于：飞轮电池主要强调的是高能量储备、低能量耗散，因此其飞轮重量相对更大，转速更高，降低能量耗散的手段更强。在这种限制条件下，安全性比较难保障，降低能量消耗的措施（如非接触式磁轴承）成本也比较高昂，因此在汽车上应用有困难。飞轮混动系统强调的是功率密度要大，在车辆加速时能够很好地满足短时高功率需求，履行其辅助主动力源的职责。而对飞轮能量的储备要求够用就行，因为飞轮系统可以在车辆的频繁制动中不断吸收能量，这样就避开了飞轮电池对转速、转子质量和维持能量低耗散的苛刻要求，使其在安全性和成本上具备了在汽车上应用的条件。

飞轮混动系统的主要技术特点如下。

（1）稳定主动力源功率输出。在汽车起步、爬坡和加速时，飞轮混动系统能够进行瞬时大功率输出，为主动力源提供辅助动力，并减少主动力源的动力输出损耗。在保持相同动力性能的情况下，发动机可以做得更小，从而油耗和排放也更低。此外，其不受化学电池放电深度限制，飞轮能量可以较彻底地释放到动力系统中。

（2）提高能量回收的效率。机械飞轮的功率密度远高于相同功率的大功率动力锂电池，其功率密度可达 5～10 kW/kg，成本也远低于锂离子电池。在汽车下坡、滑行和制动时，飞轮混动系统能够快速、大量储存动能，且能量存储速度不受"活性物质"化学反应速度影响，相比深度混合动力系统，可回收制动能量比例也由 35% 提高到 70%。因此相对于传统混合动力系统昂贵的电池组和电驱动单元，飞轮混动系统是低成本和高效的选择。

（3）寿命长且安全环保。相对于传统混合动力系统，其系统使用寿命完全可覆盖车辆全寿命周期，且系统维护周期长，无任何有毒材料，对环境无污染。

飞轮混动系统结合先进变速器控制技术，如 CVT、电动无级变速 ECVT 等，充分发挥飞轮的高功率比特点，不但有效地解决了现有节能与新能源汽车中普遍存在的因电驱动系统功率限制而造成的动力与节能效果不足问题，而且飞轮的机械功率可直接耦合到传动系，大大提高了再生制动的效率及车辆的加速性能。这是飞轮混动系统具有高性价比的主要原因。

目前，飞轮混动系统有三种基本形式，分别是储能式、机械式和电动式。国际上对飞轮混动技术的开发和应用主要集中在欧洲，而英国又走在了欧洲的前列。英国政府的"技术战略委员会"近年来同时赞助了三个有关飞轮混动系统的研究项目（KinerStor、FHSPV 和 Flybus），分别由 Ricardo、Flybrid 和 Torotrak 主导，对飞轮混动系统在经济型车、高端车和重型商用车领域的应用进行实验，并以此积累关键技术。

美国和日本鉴于 20 世纪 70～80 年代车载飞轮电池研发中出现的一些安全隐患，对飞轮混动系统心存疑虑。但 2011 年 12 月美国橡树岭国家实验室受其能源部委派，所做的飞轮系统评估报告则充分认识到飞轮系统的巨大潜力和产业成熟性，并继承欧洲正领导着飞轮技术在轻型和重型混合动力车辆上的应用。鉴于 FIA（国际汽车联合会）于 2009 年 10 月对飞轮系统的强力支持，报告建议美国能源部对飞轮这种高功率、高能量存储特性的技术在混合动力车辆上的应用给予重新考虑。

（二）国外飞轮电池及飞轮混动系统技术发展

总体上，国外飞轮电池及飞轮混动系统的技术发展可以分为以下四个阶段。

1. 第一阶段（20 世纪 50 年代至 1997 年）起始阶段

飞轮储能技术最早作为使系统平稳运转的调节部件而应用在内燃机上。其作为具有电池功能的飞轮储能系统，则起始于 20 世纪 50 年代。瑞士苏黎世 Oerlikon 工程公司开发出飞轮储能巴士并投入实际运行至 1959 年。20 世纪 70

年代，由于石油禁运和天然气危机，美国能量研究发展署（ERDA）和美国能源部（DOE）开始资助飞轮储能系统的多项研究与开发。石油公司1984年研制的400W·h复合材料飞轮电池，用于车辆制动能量再生。以航天和车辆电源为应用目标，劳伦斯利莫国家实验室研制了870W·h的飞轮储能实验系统。1989年日本长冈技术大学与仙台工学院联合研制了230W·h/5 kW的飞轮不间断电源实验装置。1991年美国劳伦斯利莫国家实验室研制了1kW·h/200 kW的飞轮电池实验装置。1992年，美国飞轮系统公司（AFS）开发出了一种用于汽车上的飞轮电池。每个"电池"长18 cm，质量为23 kg。电池的核心是以200 000 r/min旋转的碳纤维飞轮，每个电池储存的能量为1kW·h，将12个这样的"电池"装在轿车上，能使该车以100 km/h的速度行驶480 km。1994年，美国阿贡（ANL）国家实验室用碳纤维试制一个储能飞轮：直径38 cm，质量11 kg，采用磁悬浮超导技术，飞轮的线速度达到1 000m/s。其储存的能量可以将10个100 W的灯泡点亮2～5 h。该实验室正在开发储能为5 000 kW·h的飞轮储能装置，一个发电功率为100万kW的电厂，约需这样的飞轮200个。经过20年的技术积累，20世纪90年代后期，基于飞轮储能的电源系统实用产品逐步成熟。1997年，Beacon Power推出2 kW·h的飞轮电池，如图7-6所示。

图 7-6　Beacon Power 的飞轮电池

2. 第二阶段（2002—2006年）研发阶段

2002年，荷兰埃因霍温理工大学（TU/e）的科研团队创立Drive-Traininnovations公司，开展研究"机械式"飞轮混动系统的工程应用。

2003年，英国汽车动力专家克里斯·埃里斯（Chris Ellis）创立EchoTech，与帝国理工的科研团队进行"电动式"飞轮混动系统的研究及示范。

2006年,英国汽车工程公司Ricardo与美国飞轮系统公司(AFS)合作开发基于先进的"储能式"飞轮混动系统的高效电动汽车。

2006年,美国麦格纳汽车电子公司的廖越峰等对Chris Ellis的"电动式"飞轮系统进行系统的分析和改进,完整地提出了"电动式"飞轮系统的控制原理及产品概念,并申请多项美国专利。

3．第三阶段(2007—2009年)验证阶段

2009年,世界F1赛车联合会颁布了在赛车中使用飞轮混动系统的新比赛规则,如图7-7所示,英国威廉姆斯混合动力有限公司(WHP)为F1赛车研发了"储能式"飞轮混动系统;同年,英国Flybrid公司为捷豹(Jaguar)公司开发的"机械式"飞轮混动系统在其Jaguar XF原型车上进行了路试,如图7-8所示。

图7-7 应用飞轮混动系统的F1赛车

(a)WHP的飞轮混动系统 (b)Flybrid的飞轮混动系统
图7-8 两种飞轮混动系统

4．第四阶段(2010年至今)产业化阶段

2010年,沃尔沃(VOLVO)获600万瑞典克朗的政府支持,拟于2015年前实现"机械式"飞轮混动系统产业化。沃尔沃希望将飞轮动能回收系统与后轮

结合到一起,当驾驶人踩下制动后,制动能量将带动飞轮旋转,飞轮转速最高可达 60 000 r/min。当驾驶人松开制动踏板,踩下加速踏板时,高速旋转的飞轮通过一套无级变速机构将动能输送到后轮。沃尔沃的飞轮动能回收系统用碳纤维材料制成,飞轮在一个密闭的真空环境中旋转,以最大限度地降低摩擦。飞轮的实际重量仅约 6 kg,直径不到 820.3 cm,整套系统的结构极为紧凑,如图 7-9 所示。

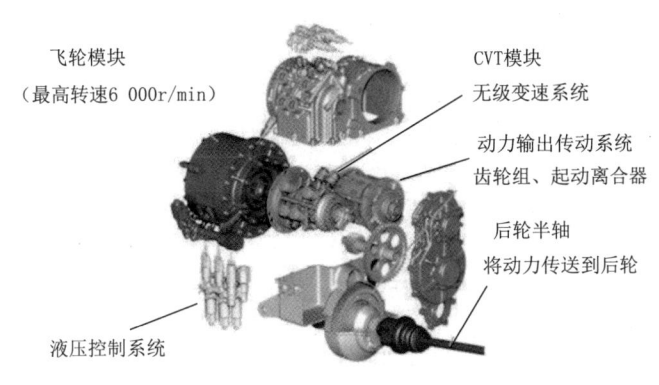

图 7-9 沃尔沃(VOLVO)飞轮动能回收部件

2010 年,保时捷公司宣布,将在 2012 年推出量产型保时捷 918 Spyder Hybrid,该车型使用了威廉姆斯混合动力有限公司提供的"储能式"飞轮混动系统。

2012 年,由威廉姆斯混合动力有限公司提供飞轮混动系统的奥迪 R18E-Tron Quattro 历史性地囊括了勒芒 24 h 耐力赛冠亚军。

2014 年,沃尔沃测试了英国设计的飞轮能量回收系统(Flybrid KERS),不但可以降低 25% 的油耗,而且成本是常规混合动力电动汽车出厂价的 1/4,所以这款动能回收系统被装配到 S60 轿车的后轴进行测试。它可用于协助前驱的汽油发动机,来提高整车性能,将 S60 T5 的 0～100 km/h 加速时间缩短 1.5 s,也可以在经济模式下使用,来减少 CO_2 的排放。

参考文献

[1] 庄永民. 中美两国新能源汽车产业国际竞争力对比研究 [D]. 长春：吉林大学，2019.

[2] 王龙. 中国汽车产业国际竞争力研究 [D]. 武汉：武汉理工大学，2006.

[3] 成洁，靳洪玲，马欣怡，等. 中国新能源汽车消费财政补贴政策分析 [J]. 中国商论，2019（18）：64-67.

[4] 张纹瑾. 基于"钻石模型"的我国新能源汽车产业竞争力分析 [D]. 大连：东北财经大学，2015.

[5] 程坤. 我国新能源汽车产业竞争力提升策略研究 [D]. 沈阳：沈阳大学，2018.

[6] 白玫. 全球新能源汽车产业竞争格局研究 [J]. 价格理论与实践，2020（1）：25-31.

[7] 韩怀玉. 我国新能源汽车产业发展的国际比较研究 [D]. 西安：陕西师范大学，2012.

[8] 满媛媛. 基于钻石模型的我国新能源汽车产业竞争力研究 [J]. 长春大学学报，2015，25（1）：13-16.

[9] 齐结斌. 我国新能源汽车产业的竞争力研究 [J]. 科技与经济，2013，26（3）：106-110.

[10] 李殷. 美国新能源汽车产业竞争力分析 [D]. 长春：吉林大学，2018.

[11] 刘大进. 我国新能源汽车产业成本优势探析 [J]. 人民论坛：学术前沿，2018（5）：88-91.

[12] 阮娴静，石荣丽. 基于灰色关联模型的新能源汽车产业竞争力评价研究 [J]. 数学的实践与认识，2016，46（21）：72-79.

[13] 陈立敏，王璇，饶思源. 中美制造业国际竞争力比较：基于产业竞争力层次观点的实证分析 [J]. 中国工业经济，2009（6）：57-66.

[14] 谢文浩，曾栋材. 基于新钻石模型的广东省新能源汽车产业竞争力评价实证研究 [J]. 科技管理研究，2019，39（9）：56-61.

[15] 胡浩然. 择优政策选择如何影响企业绩效——以经济技术开发区为例的准

自然实验［J］．当代财经，2018（8）：101-110．

［16］余东华，吕逸楠．政府不当干预与战略性新兴产业产能过剩——以中国光伏产业为例［J］．中国工业经济，2015（10）：53-68．

［17］林毅夫，向为，余淼杰．区域型产业政策与企业生产率［J］．经济学（季刊），2018，17（2）：781-800．

［18］赵坚．我国自主研发的比较优势与产业政策——基于企业能力理论的分析［J］．中国工业经济，2008（8）：76-86．

［19］彭纪生，仲为国，孙文祥．政策测量、政策协同演变与经济绩效：基于创新政策的实证研究［J］．管理世界，2008（9）：25-36．

［20］韩超，肖兴志，李姝．产业政策如何影响企业绩效：不同政策与作用路径是否存在影响差异？［J］．财经研究，2017，43（1）：122-133，144．

［21］余明桂，范蕊，钟慧洁．中国产业政策与企业技术创新［J］．中国工业经济，2016（12）：5-22．

［22］俞立平，章美娇，王作功．中国地区高技术产业政策评估及影响因素研究［J］．科学学研究，2018，36（1）：28-36．

［23］戴小勇，成力为．产业政策如何更有效：中国制造业生产率与加成率的证据［J］．世界经济，2019，42（3）：69-93．

［24］金碚．产业国际竞争力研究［J］．经济研究，1996（11）：39-44，59．

［25］高运胜，金添阳．新形势下中国新能源汽车国际竞争力分析［J］．国际经济合作，2021（4）：65-76．

［26］胡昭玲．国际垂直专业化对中国工业竞争力的影响分析［J］．财经研究，2007（4）：18-27，73．

［27］张二震，戴翔．利用外资提升我国产业竞争力的对策［J］．经济研究参考，2018（66）：29-32．

［28］裴长洪，王镭．试论国际竞争力的理论概念与分析方法［J］．中国工业经济，2002（4）：41-45．

［29］曹悦恒．典型国家汽车产业国际竞争力比较研究［D］．长春：吉林大学，2018．

［30］胡本田，陈乐颖．标准化与产业国际竞争力关系研究［J］．华北理工大学学报（社会科学版），2017，17（5）：44-50．